今天，你更博学了吗

一切平凡的事物都妙趣横生

张宇识——著

北京联合出版公司
Beijing United Publishing Co.,Ltd.

前 / 言
FOREWORD

　　我从小就喜欢看各类科普书，长大之后仍然"好奇心未泯"，经常关注一些生活中的问题，研究各类现象的原理。相信很多读者和我一样，对熟悉又陌生的大千世界充满疑惑和好奇，比如，"到底哪些食物不能一起吃""公历生日和农历生日到底会不会每 19 年重合一次""面包店门口为什么那么香，忍不住去买"……

　　如今随着网络的普及，人们获得信息的渠道越来越丰富了，绝大多数疑惑可以通过各种网络渠道来解决，但是仍然有很多说法难辨真伪，也有些问题在网上难以查到"切中要害"的解释。

　　可能有的读者从小就喜欢"大开脑洞"，经常去想："如何自己来发电""神话中的'天上一天，地上一年'能实现吗"，等等。儿时的很多"脑洞"会被家长批评为"胡思乱想"，或者被奉劝去多想一想"考试要考的"。然而批评并不能解决问题，我也并不认为"脑洞"没有用，很多科学发明或发现源于"脑洞"。

　　于是我收集了自己从小到大最关注的话题，选择了我觉得比较有趣又有用的内容，涉及物理、化学、生物、医学、心理学、新技术等多个学科。本书的特点就在于不只针对某一个领域或者话题来讲述，而且把我个人成长中关注的"精华"进行了梳理。这些话题对我的成长有着较大的影响，也让我对科学更感兴趣，在此说给各位读者听听。书中对各个话题的解读也不只是"浮于表面"，而是在非专业人士听得懂的前提下尽可能"从根上挖"，系统而又通俗地讲述，远离"没听过瘾""没理解透"的遗憾。希望这本书不仅能够解答大家生活中的一些疑惑，也能让大家掌握思考问题的科学思维，引发更多的"脑洞"、更大的兴趣——至少能解解闷。

　　我现在既是科研工作者，又是一名脱口秀演员，经常尝试把科学内容编成段子进行表演，成为"科学脱口秀"。不过科学脱口秀的娱乐成分比较大，不能够系统地讲述科普知识。所以我一直希望能够写一本更侧重讲知识的书，把曾经"科学脱口秀"涉及的相关知识讲清楚，如今实现了这个愿望。读者可以在听"科学脱口秀"之后，看看书中的内容，或许会对"脱口秀"背后的科学理解得更深刻。

　　本书属于科普文学作品，并非科研论文，所讲述的内容不是我的发现或者研究成果，而是把我长期以来通过各种渠道积累的科学知识，根据我的判断和理解，以文学作品的方式讲述出来。其中大多数内容来自我头脑中的科学知识积累，涉及的通常是中学和大学课本上的知识和常识。虽然我研究的方向是交叉学科，但是仍然有很多内容不在我所研究的领域之内。因此对于其中我不太确定的问题，也咨询了相关专家，进行了确认。

　　写这本书的过程比较漫长和纠结，想"通俗"并不容易。科普作品会尽量避免专业的术语和高深的理论，尽可能用通俗的语言表达，但通俗和简单的表达方式不一定能够做到完备和严谨。不过对于并非研究相关专业的读者来说，也不需要对每一个知识点都了解得很完备。对于特别有兴趣的点，可以查阅相关专业书籍进行深入研究。当然，对我来说学习也是永无止境的，我自己也需要不断地提升，如果书中有我理解错误、表达模糊之处，欢迎各位读者批评指正。

我始终相信，科学不仅带来了物质文明，也能丰富精神生活，人们会在获得新知的过程中收获快乐。科学的趣味性，也是我们探索世界的乐趣。

张宇识

2020 年 1 月　于北京

目 / 录
CONTENTS

CHAPTER

03 如何科学地饲养自己

CHAPTER

04 好奇心与猫都会有的

CHAPTER

05 社会人生活指北

CHAPTER

06 这么近又那么远的物理

CHAPTER

01

科学事实有时候
比谣言更科幻

01
食物是因为八字不合所以相克吗

"我看了一篇网上的文章，上面说不能和鸡蛋一起吃的食物有 214 种，不能和牛奶一起吃的，有 156 种。"

"那咱以后就甭吃饭了。"

如今网上有大量关于"食物相克"的文章，如果按照它们的说法，估计每顿饭就只能吃一种食物了。

◎ 听说海鲜和维生素 C 是宿敌

有一次过年，家里准备了韭菜虾仁馅的饺子，这是我最爱的食物！我想，这么美味的饺子，一定要搭配着喝一些果汁才好啊！但是，我妈阻止了我，她说："海鲜不能和含维生素 C

的水果一起吃，如果一起吃的话，维生素 C 就会把海鲜里的五价砷还原成三价砷，也就是砒霜的主要成分，会中毒的。"我一想，我妈作为文科生，能把化学原理讲得这么头头是道，想必做了大量的文献调研啊！但是我又一想，她这文献调研可能是在微信朋友圈上做的。于是我自己去研究了一下，然后和我妈说："妈，海鲜和含维生素 C 的水果一起吃是能中毒，不过如果想中毒的话，这海鲜你得吃一百多千克。"所以，因为边吃海鲜边喝果汁而被毒死是一件很困难的事情，在被毒死之前

就已经被撑死了。

"海鲜和含维生素 C 的水果不能一起吃"，这个观点不仅在网络上流行，而且在网络还不发达的 20 世纪末，它就已经在报纸上出现了。那个时候信息不发达，大家进行科学寻证的途径也不多，这个说法就一直流传着，甚至在有的电影里面都出现吃了海鲜又吃维生素 C 而中毒的情节。

但是，我们吃三文鱼的时候会在上面挤上柠檬汁，吃西餐时像这样既吃海鲜又吃水果、蔬菜是非常常见的，比如海鲜沙拉。中餐里面也有"茄汁鱼"这样的菜品。如果网传的观点是真的，我们平常吃这些美味佳肴时，岂不是冒了很大的风险？难道我们真是为了吃而不要命的终极吃货吗？

◎ 江湖谣言不可取

网上有各种关于"食物相克"的说法，比如"鸡蛋和牛奶""菠菜和豆腐"，其实这些说法既没有严谨的理论推导，也没有足够的实验支撑，往往只是一些个人分析，觉得这个食物里含有 A，那个食物里含有 B，A 和 B 能发生化学反应，生成物具有毒性，因此就认定这两种东西不能一起吃。

实际上，这种"分析"并不靠谱，一是忽略了反应条件，二是忽略了反应剂量。其实很多反应都需要在特殊的条件下进行，而在胃液的环境下不一定能够发生；还有的时候，虽然两种食物里的成分能发生反应，但生成物的含量微乎其微。比如，大多数海鲜里面确实含有一定质量的"五价砷"化合物，维生素 C 由于其分子的"二烯醇结构"而具有很强的还原性，

危险操作请勿模仿

曼妥思薄荷糖会引起可乐喷涌。

所以如果五价砷和维生素 C 在适当的条件下发生了氧化还原反应，五价砷就会从高价态变成低价态，成为"三价砷"。五价砷本身的毒性不大，但三价砷是砒霜的主要成分，其毒性可想而知。这个反应在胃酸的环境下可能发生，但到底是"有害"还是"无害"，其实都是要在特定剂量下来谈的，就像有人说的，"大米饭吃多还能撑死呢"，不能抛开剂量来谈毒性。我们日常吃的海鲜砷含量和维生素 C 的量都很少，很难达到中毒的剂量。

在日常生活中，人们要是吃了什么东西觉得不适，就会认为是吃的食物"相克"了，实际上也可能是别的原因，比如食物没处理干净、过敏，等等，或者根本就和食物没什么关系。不能因为两者同时发生就将之归为因果关系，否则所有的问题都可以归结为"喘气导致的"。

◎ 注意适量和营养均衡

究竟有没有食物相克？通常来说，食物之间即使能发生化学反应，生成的有害物质的剂量也是很少的，所以我们平时吃饭大可不用担心，这些海鲜和含有维生素 C 的蔬菜水果相搭配的美味可以放心食用。那如果大量吃会不会不利于健康呢？告诉大家，即使不搭配维生素C，大量地吃海鲜也不利于健康，吃东西还是要有节制为好。

不过，有些食物长期大量一起吃倒是真的不利于健康，比如高油和高糖的食物搭配在一起，长期大量地吃很容易导致肥胖并引发一些"富贵病"。所以吃东西要讲究适量，注意种类搭配，营养均衡，而不必过多地顾忌所谓的"食物相克"。

◎ 听医生的话

我们平时做饭可以不考虑食物之间的相克，然而药物就不一样了。药物和食物、药物和药物之间都可能发生化学反应。因为很多情况下药物都经过了提纯，看似体积小，其剂量却足以对人体产生作用，试想一下，如果其剂量不足以对人体发生作用，还怎么治病呢？比如，头孢和酒精不能一起吃，会产生"双硫仑样反应"：乙醇在体内氧化为乙醛后，由于乙醛脱氢酶的活性被抑制，导致乙醇代谢受阻，致使乙醛在体内堆积，最终导致中毒。这可不是谣言！这是真的！所以可千万不要拿头孢泡药酒喝呀！俗话说："饺子就酒，越吃越有；头孢就酒，说走就走。"

不同的药物之间也可能发生反应。比如，既然吃头孢不能喝酒，那么头孢和含有酒精的药物（比如含酒精的藿香正气水）就也不能一起吃。另外大家都知道的，碘酒和红药水也是不能一起用（虽然不是吃），如果一起使用，就会产生化学反应生成有毒物质碘化汞。

所以我们平时做饭的时候不用太担心不同食材是不是可以放在一起炸、爆、烧、炒、熘、煮、氽、涮、蒸、炖、煨、焖、烩、扒、焗、煸、煎、塌、卤、酱、拌、炝、腌、冻、糟、醉、烤、熏，但是吃药就要小心了。

那么，吃药的时候究竟有什么是不能吃的呢？遵医嘱！

02
"长生不老"的癌细胞

现代医学的发展让很多疾病远离了我们，部分疾病从不能根治到能够根治，比如青霉素（也就是盘尼西林）的发现就让多数的细菌感染症被治愈，而对于林黛玉的"肺痨病"，现如今通常也能被有效控制。还有些疾病可以通过疫苗来预防，甚至已经被我们全面消灭，比如天花。古代所谓的"消渴"（糖尿病），现在也能通过注射胰岛素来调节血糖；而像高血压一类的慢性疾病虽然无法治愈，但也能够通过药物来控制血压，减少对人体的危害。然而人类面对癌症还是会有所恐惧，因为很多地方的癌症发病率仍在上升，至今没有成熟的特效方法来对应治疗。

癌细胞会不断增殖，最终成为恶性肿瘤。

人类通过各种方法与疾病抗争，希望实现延年益寿的目的。甚至还有人希望将来能够"长生不老"，然而遗憾的是这个愿望目前还无法实现，但我们的"敌人"癌细胞却实现了。

◎ 为什么癌细胞会"长生不老"

癌细胞并不是受到外来感染的细胞，目前专家认为，癌细胞不会传染给别人，它是由人体内的正常细胞转化而来，相当于有些细胞"变坏了"。癌细胞有个很大的特点，就是能够无限增殖。正常的细胞分裂几十次就完成使命"寿终正寝"了，有死去的、有新来的，才能保持平衡。但癌细胞"来了就不走了"，只要有营养供应，它就会不断地增殖。它不仅自己"长生不老"，分裂出的下一代也能够"长生不老"，这样只增加不减少，就会形成"一大坨"细胞，最终成为恶性肿瘤。癌细胞会消耗营养，而人正常的营养供给是稳定有序的，突然来了一拨"抢营养"的细胞，挤占了正常细胞的生存空间和资源，导致正常细胞无法正常工作，人就无法生存了。就好像地球上的人如果只出生、不死亡，数量越来越多，造成地球资源枯竭，全世界很可能一起"game over"。

癌细胞不仅"抢东西"，还会"流窜作案"。这就是医生们常说的"扩散"或者"转移"，从一个器官转移到另一个器官，继续"抢营养"。其实癌细胞的转移需要突破重重的"艰难险阻"。正常细胞会被表面的糖蛋白等黏附性物质"粘住"，但癌

白细胞   癌细胞

细胞的这些黏附性物质减少了，有可能挣脱这种黏附的束缚，穿过结缔组织进入血管。人体血管里的白细胞，见到癌细胞会"不容分说上来就打"，尽管如此，还是可能会有癌细胞躲过白细胞的攻击，来到一个新的器官，这个新的器官也容不下癌细胞的存在，最终可能只有极个别的癌细胞存活下来，开始破坏新的器官。

◎ 免疫逃逸与靶向治疗

　　人为什么会得癌症？其实从正常细胞到癌细胞，再到癌症的发展过程中有两个核心原因：一个是基因突变，另一个是免疫逃逸。正常细胞中都存在着"原癌基因"和"抑癌基因"，原癌基因在细胞生长、增殖等过程中发挥了重要作用，而抑癌基因则能够促进细胞衰老、抑制增殖等。两者相互制约、共同作用。细胞"有生有死"，人体处于动态平衡当中。但如果基因的一些位点发生了突变，"功能特性参数"变了，就可能导致这两种功能作用不再平衡，产生"不死"的癌细胞。

　　其实体内产生癌细胞并不奇怪，正常人可能每天都会产生癌细胞。但人体的免疫系统非常厉害，我们每天接触这么多细菌，一般不会感染，就是因为免疫系统能够"干掉"入侵的"异己分子"。癌细胞虽然是人自己产生的，不那么"异己"，但毕竟和正常细胞不太一样，通常会被免疫细胞识别出来，然后杀死。不过"人有失手，马有失蹄"，由于各种复杂的原因，癌细胞有时候可能会逃避识别或者抑制免疫应答，生存下来并不断增殖，就形成了"癌症"。

　　人们发现了癌细胞形成的两个原因之后，就开始根据这两个因素来进行"精准打击"。以往的治疗方法除了手术切除之外，主要是放射性治疗（放疗）和化学治疗（化疗），这两种方法确实能够有效杀死癌细胞，但也会对正常细胞造成伤害。如果"放开了用"，很可能在癌细胞全部被杀死之前人就先死了。后来人们针对"基因突变"这个特点，发明了"靶向治疗"：既然基因突变了，那就具有和别的细胞不一样的"特征"，针对这个特征进行识别，像导弹一样"精准打击"。

　　除此之外，人们还针对癌细胞"免疫逃逸"的特点发明了"免疫疗法"。据说这个方法起源于一位叫科利的医生，他发现有的肿瘤病人感染了别的细菌之后肿瘤会消退，就开始尝试把灭活①的细菌（被称为"科利毒素"）注入人体，"激活"人体相关的免疫作用，杀死癌细胞。人体的免疫系统其实很强大，原本正常人产生的癌细胞都会被免疫系统杀死，但由于免疫逃逸，导致免疫系统有时无法识别癌细胞，如果能让它重新识别，就能起到很好的效果。现在比较著名的 CAR-T 疗法，就

---

① 灭活是指用物理或化学手段杀死病毒、细菌等，但是不损害它们体内有用抗原。——编者注

是把人体的一种免疫细胞（T 细胞）提取出来进行改造，装上一种叫作"CAR"的"导航系统"（"CAR"的英文是 Chimeric Antigen Receptor，译为"嵌合抗原受体"，T 细胞装上该"系统"之后，就能够精准识别并打击癌细胞），再将其注射到人体内进行增殖，杀死癌细胞。

但癌细胞可能会不断发生变异，无论是靶向疗法还是免疫疗法，原来设定好的识别标志对变异的癌细胞很可能就不再有效了。另外，每种方法都有一定的副作用，所以仍然需要更多的研究。

◎ 人类真的分酸碱体质吗?

　　和治疗相比，更好的方法是预防，这就要搞清楚癌症究竟和什么因素有关。其实我们根本没办法预防的最大的风险因素是——年龄。年龄越大，患癌的风险越高。现代社会得癌症的人多了，最主要的原因是医学条件变好、人的寿命变长了。也就是说现在大多数的常见病都不会致命，而像埃博拉病毒、艾滋病虽然也能致命，但目前的患者还不算特别多，并且可以通过阻断传播来预防。所以我们会发现，现在多数人去世的原因都是癌症或者心脑血管的突发疾病。

　　当然，除了年龄以外，还有其他致癌因素，比如遗传、环境等，能够影响免疫力的因素都可能会影响得癌症的概率。另外，像吸烟、吃过烫食物、携带幽门螺杆菌或乙肝病毒、接触放射性物质等都会增大得癌症的风险，我们能做的只是尽可能减少这样的可能性，并且提升免疫力，最好能定期做筛查以便早发现、早治疗。

　　人们对癌症的恐惧，导致了很多关于癌症的谣言，大多数都出自商业目的，比如最典型的"酸碱体质理论"。这个理论声称正常人是"碱性体质"，体液都是碱性的，如果是"酸性体质"就容易得癌症。实际上人体各部分的体液酸碱性是不同的,比如血液是碱性的,但胃液就是酸性的,而且酸碱性和得癌的风险并没有关系。其实这个理论的发明者是个美国的骗子,2018 年在美国被当庭判罚了 1 个多亿美元,他自己也承认,编造这个谣言其实就是为了"蒙俩钱花"。

目前,人类对于很多种癌症都已经有了治愈率比较高的治疗方案,也会有越来越多的癌症随着医学的发展被人类攻克。

03
懒癌灵魂发问：
内裤和袜子能不能一起洗

　　讲过"食物相克"之后，有人问："内裤和袜子能一起吃吗？"答曰："哪个我都不吃！洗干净了也不吃！放上调料也不吃！这是谁问的？！"后来才知道，是口误，他想问的是，"内裤和袜子能一起洗吗？"

　　之所以有这样的疑问出现，要归功于洗衣机的发明。几十年前我们洗衣服都是手洗，内裤和袜子本来就是一件一件洗，一般不会"同时洗"，但可能会用同一盆水来洗，或者用别人用过的水来洗。那时候生活条件没有这么好，人们也不太懂卫生知识。

　　现在生活条件好了，完全可以把内裤和袜子分开洗，但很多人却希望能一起洗，其主要原因是大家现在比较懒……不不

不，是现在比较忙……我们希望把积攒在一起的衣物一次性地全塞入全自动洗衣机清洗，甚至可以自动烘干、叠好。当然，要是能帮我们穿上就更好了。

◎ 人各有癖

如果你在读大学期间仔细观察过同学们的洗衣习惯，就会发现大家的癖好各不相同。有很多同学并不讲究，所有衣物，无论出身、价格、材质、花色、品种、产地、用途，不分青红皂白，全都塞入洗衣机吃"大锅饭"。有的同学就比较讲究了，内裤和袜子分别攒，用洗衣机分两次洗。还有的同学更讲究，无法接受内裤和袜子用同一个洗衣机洗，而且不想用公共洗衣机洗内裤和袜子，于是全都手洗。也有的同学，不仅内裤和袜子不放在一起洗，还不能用同一个容器、同一套工具来洗，并且还得用不同的衣架来晾，我就问他："费了半天劲，你的内裤和袜子不还是用同一双手洗吗？"结果从那以后，他每次洗之前都戴上不同的手套。还有更夸张的同学，由于在科研过程中养成了比较严格的清洗习惯，于是他非常想去买一个超净实验室同款的超声清洗机，专门用来洗内裤。这样的话，内裤洗过之后都不用手碰，而是用镊子夹出来，再用氮气枪吹干（这可

是超净实验室里面的常用手段之一）……可他忽略了一点，穿的时候还是得用手啊！

外国人几乎不会手洗衣服。尤其是住公寓或者宿舍的情况下，他们通常都是把所有衣服放在公用洗衣机里面一起洗，最多是分分颜色，以防洗完之后所有衣物都变成同一色系……

◎ "个人微生物培养基地"

大家有没有想过，为什么我们如此关注袜子、内裤这些贴身衣物的清洁？有人说，因为它们能直接接触我们的皮肤啊，如果不洗干净，会把细菌带到我们的皮肤上。但是日常生活中直接接触我们皮肤的东西很多，我们都关注吗？

比如，我们乘坐公交车、地铁时握的扶手，都会直接接触皮肤，但我们好像并不那么在意。同样，我们会因为钱币被很多人摸过就"不要钱"了吗？我们收钱时候用镊子夹或者戴手套吗？当然没有。

也就是说，我们并不是接触细菌就会生病，实际上，大多数物品虽然表面有很多病菌，但我们有皮肤和自身免疫力的保护。

而人们之所以对袜子和内裤这么关注，是因为这些贴身衣服不一样，由于其处于相对不通风的环境里，容易储存汗液等分泌物，这种湿润而养分较多的环境有利于微生物的生长，比如腋下、内侧腿根部和脚趾缝间，细菌在这里安家落户，繁衍生息。所以相对来说，袜子和内裤的清洁程度更重要，因为它们接触的部位具有对微生物来说相对较好的生长环境，而那些部位的"自我防护"能力相对较差，如果细菌特别多，可能就"防不胜防"了。

◎ 你开心就好

那么问题来了：袜子和内裤都是贴身的衣物，能用同一个洗衣机洗吗？万一袜子上的真菌感染到内裤上怎么办？总不能买四台洗衣机，第一个洗内裤，第二个洗袜子，第三个洗其他贴身衣物，第四个洗不贴身衣物吧？

其实现在的洗衣粉、洗衣液、消毒液能除去衣物上绝大多数的病菌。像洗衣粉、洗衣液、洗洁精之类，主要发挥作用的成分是其表面活性剂，可以减弱污渍在衣物上的附着能力，在抖动或者洗衣机的作用下，污渍就会脱离衣物。同样，我们的

各种分泌物、大量细菌的聚集区也会从衣物上"脱离"。当内裤和袜子上的分泌物被洗掉又晾干之后，一般来说，这种干燥的环境并不适合大多数的病菌、真菌生长，即使有少量留存，我们的免疫力也会发挥作用。而消毒液的成分则各不相同，比如有些消毒液的主要成分是对氯间二甲苯酚或者次氯酸钠，可以实现杀菌，让细菌的数量大幅减少。但"无菌"是不可能靠洗衣服洗出来的，衣服洗完之后肯定还是有细菌，只是数量不大，再经过烘干或者阳光晾晒，就更少了，正常人一般可以抵抗。就像我们游泳或者泡澡的时候，脚和身体都是泡在同一摊水里的，通常也不会因此得病。

不过我们总会有些别扭心理，将内裤和袜子分开洗会让心情更加舒畅。

本来嘛，讲卫生、有条理是一件好事儿，如果有条件分开洗并且让你的心情更舒畅的话，全都分开当然很好，像做实验一样进行高标准的清洗和灭菌更是没问题的——只要你自己高兴。

有皮肤疾病或免疫疾病的患者，还是分开洗为妙。假如有脚气的话，也别把袜子和其他贴身衣物放在一起洗。另外，如果天气长期潮湿，衣服总是干不了，或者条件有限没有消毒液，也不太建议将内裤和袜子一起洗。

除了以上这些情况，将内裤和袜子一起洗是没问题的。

"既然你说一起洗没关系，那么以后就把你的内裤和我的袜子一起洗呗？"

"不行！！！"

04
我们的生活充满电磁波

　　小时候，我觉得遥控小汽车特别神奇，"你看，离这么远，我就可以操控它！"然而我却买不起，只能看别人玩。但这并不妨碍我思考一个问题：为什么离这么远还可以操控小汽车呢？

◎ 灶王爷与麦克斯韦

　　有人说，电磁波是人类的伟大发明，我们当代的远程通信、遥控遥感等技术都要归功于电磁波。一百多年前，英国科学家麦克斯韦建立了电磁波理论，所以对于一些使用电磁炉做饭的物理学家来说，"腊月二十三祭灶"的时候或许不会挂灶王像，但可能会把麦克斯韦电磁方程组挂在墙上拜一拜。

后来，德国有个名叫赫兹的物理学家证实了电磁波的存在，他的名字被用作电磁波频率的单位。放心，没有科学家会担心名字被人经常使用，自己会打喷嚏。这是一种荣誉。

电磁波其实并不是人类的发明，而是自然界中广泛存在的物质，人类只是发现了其规律并加以利用。比如，光就是一种电磁波。而电磁波辐射，也就是我们常说的"电磁辐射"。

有一首脍炙人口的老歌叫《我们的生活充满阳光》，我一

赏天地之美景，
吸自然之辐射。

直非常喜欢。而作为一名科研工作者，我很想写一首歌，叫《我们的生活充满电磁波》。

◎ 不要一提到辐射就想起原子弹爆炸

你愿意长期暴露在辐射之下吗？其实无论愿不愿意，你都长期暴露在辐射之下，而且从古至今皆是如此，不愿意也没用，因为任何物体都有辐射。

有一句很啰唆的话，说的是"任何物体只要有温度，都在向外辐射红外线"。之所以说它啰唆，是因为我们中学时就知道，任何物体都有温度，不存在绝对零度的物体。所以这句话应该说成"任何物体都在向外辐射红外线"。也就是说，我们每个人都带有辐射，不管是活人还是死人，都在向外辐射红外线。"祖坟冒青烟"我没见过，但是"祖坟冒红外线"这可是真的。

即使是在没有通信设备的古代，也有各种红外线辐射，当然也有光的辐射，这些都是电磁辐射。

如果想知道各种各样的辐射对我们有什么危害，就要先搞清楚，什么是电离辐射，什么是非电离辐射。有的辐射能量比较大，可以使原子和分子发生电离，叫作电离辐射，这种辐射能破坏细胞中的化学键，包括 X 射线、γ 射线。不能破坏细胞中分子化学键的属于非电离辐射，比如我们通信、微波炉用的电磁波以及广泛存在的红外线。

手机打电话接收到的是非电离辐射，而原子弹爆炸产生的是大量的电离辐射，千万不要把手机当成是"微型原子弹"。

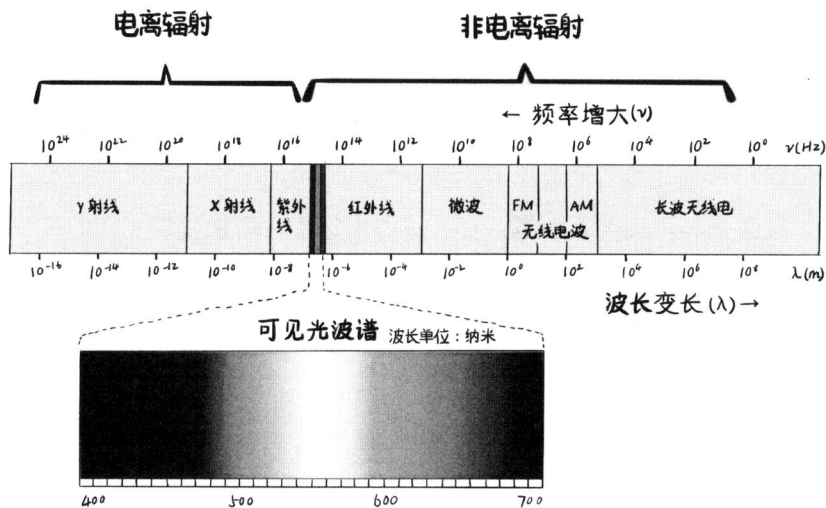

电离辐射　　　　　　　非电离辐射

← 频率增大(ν)

10^{24}　10^{22}　10^{20}　10^{18}　10^{16}　10^{14}　10^{12}　10^{10}　10^{8}　10^{6}　10^{4}　10^{2}　10^{0}　ν(Hz)

| γ射线 | X射线 | 紫外线 | 红外线 | 微波 | FM 无线电波 | AM | 长波无线电 |

10^{-16}　10^{-14}　10^{-12}　10^{-10}　10^{-8}　10^{-6}　10^{-4}　10^{-2}　10^{0}　10^{2}　10^{4}　10^{6}　10^{8}　λ(m)

波长变长(λ) →

可见光波谱　波长单位：纳米

400　　　500　　　600　　　700

根据电磁波对生物的影响，分为电离辐射、非电离辐射两大类。

◎ 禁忌魔法：电离辐射

电离辐射能够破坏人体内分子的化学键，对人体造成损伤。无论是什么种类的电离辐射，目前都被认为是有害的，也都被世界卫生组织国际癌症研究机构列为了一类致癌物质，能少接触就少接触。

但是我们想彻底躲开电离辐射是不可能的，大自然中就存在着电离辐射，这就是所谓的"本底辐射"。而来自宇宙的射线并不能被大气层百分之百地隔离，总会有一些来到我们的身边，躲不开怎么办？还能怎么办？只能认命了呀。就像我们每天接触各种细菌、病毒一样，这些事物都在增加我们死亡的风险，但想要绝对不接触是不可能的。

人们用"剂量当量"来衡量电离辐射对我们的危害程度。人体接收到的电磁辐射的平均能量被称为"吸收剂量"，但其实际产生的危害不仅与吸收剂量有关，还与射线种类有关，因此通过系数修正可以得到"剂量当量"。既然是以吸收的能量为衡量基础，它的单位自然也是能量的衡量单位：焦耳每千克（J/kg），还有个专用符号 Sv，称为"希沃特"。人每年接收到 $1 \sim 2$ mSv（1 Sv=1000 mSv）的自然本底辐射，也就是说，只要人生活在这个世界上，就要接收电离辐射。

如果我们接触到的人工辐射剂量远小于本底辐射，就可以忽略，就像吃饭多一粒米、少一粒米一样，对我们没什么影响，比如过安检时的辐射量，我们就可以不去考虑。不过很多时候我们接触的人工辐射剂量都大于本底辐射，这种辐射当然是不接触最好。比如拍一次胸片的电离辐射剂量，大概相当于正常生活十几天接触的自然辐射量，也和坐十几小时的飞机差不多。以前有一种叫作"胸透"的检查，"胸片"是拍下来慢慢看，而胸透则是在照射的时候现场看，所以辐射时间相对较长，辐射剂量远大于胸片，现在已经被逐渐淘汰了。而 CT 检查的辐射剂量通常更大。既然电离辐射对人体有害，那我们是冒着生命危险做检查和坐飞机吗？其实低剂量的电离辐射对健康的影响并不大。虽然它能够破坏化学键，但人类并不是被破坏了几个化学键就会死掉，我们具有修复和免疫功能。也有研究说，低剂量的电离辐射对人无害，但更主流说法是无论剂量大小，电离辐射都会增加患癌风险，不过由于低剂量的电离辐射增加的患癌风险不大，所以面对更重要的需求的时候，也就只能接受了。就像我们明知道一些美食吃下去对健康不好，却还是禁不住美味的诱惑。

◎ 非电离辐射就安全了吗？

电离辐射对人的危害是肯定的，但我们平时用的手机、无线局域网（Wi-Fi）所用到的电磁波都属于"非电离辐射"。然而即使 Wi-Fi 的电磁波的功率非常大、振幅非常大，频率却并不够高，不足以破坏人体内的化学键。想想也是，无线路由器是不会发出 X 射线的，要不然拍片子都不用去医院了。所以说 Wi-Fi 用到的电磁波还够不上"电离辐射"的"录取分数线"。不过"非电离辐射对人没有危害"的说法也不准确，因为如果把人放进烤箱或者微波炉里也是可以烤熟的，烤箱所用的红外线、微波炉所用的微波都属于非电离辐射，假如人都烤熟了，还能说没有危害吗？所以，特别强烈的非电离辐射也是能致死的。另外，使用微波炉的过程中还是尽量离得远一些为好，尤

在我眼里，
人和红薯没有区别！

其是不要盯着里面看。微波炉有可能会泄漏少量微波，对眼睛很不好，我曾经在微波炉加热的过程中盯着里面看，之后就感觉眼睛不适。当然，我并不能确定这两者有因果关系，只能说是个别经验。再比如"光污染"，这也是一种危害，强光可以损伤眼睛。所以不能一概而论地说非电离辐射是无害的。

非电离辐射产生的热效应、电流效应等都会对人体产生影响，不过目前科学研究还没有明确的证据表明手机、无线路由器会对人产生危害，其产生的热效应、电流效应都比较微弱。尽管有一些报道说，使用手机可能会增加一些患病风险，但这只是统计和推测，并没有明确的科学理论推导或者实验证明。

手机、无线路由器这些东西，只要是正规商家生产、符合安全标准，就放心使用好了。有人说，那如果将来证实了手机产生的电磁波有致病风险怎么办？这就多虑啦！科学研究是不断发展的，目前的很多事物都有可能在将来被发现具有危害，而我们只能按照现有的科学研究结论来指导生活。

05

不识"纳米"真面目

"我要摊一个纳米级的煎饼。"

"那么薄能吃饱吗?"

如今,"纳米"似乎是一顶能够化腐朽为神奇的"帽子",而有了这顶"帽子",待遇就不一样了。冠名"纳米"的产品不少,被很多人追捧,可是被冠名的产品真的用到了纳米技术吗?被"纳米"之后,就一定更好吗?反正如果是厚度在纳米量级的煎饼,我是不够吃的。

◎ 关于"纳米技术"的非典型性解说

从我很小的时候就流行一个词,叫"纳米技术",当时很多人都不知道这个词是什么意思,甚至有人问,"'纳米'好吃吗？"知道有个国家叫"纳米比亚"，还觉得特别高端。现在大家基本都知道纳米是一种长度单位了，就是十的负九次方米（10^{-9}m），十亿分之一米，特别小。

当物体尺寸缩小的时候会出现一些特殊的性质。同样的东西，大小不同的话性质就不一样。物体越小，表面积和体积的比就越大，所以和表面积相关的性质就表现得越明显，本来是可以忽略的，现在变成了主要性质，于是物体就出现了一些特殊的性质。而当物体缩小到纳米尺度，就会出现纳米效应。

纳米技术并不像"电焊技术"那样是一种具体的技术，纳米技术是一个范围比较大的概念，与纳米尺度相关又与宏观世界有所区别的各类研究都可以称为纳米技术。由于要与宏观世界有所区别（否则就没必要研究了），因此"纳米技术"的核心就在于"具有新性质"。纳米技术通常是通过单个原子或者分子来制造，或者用高精度加工等技术方式来实现具有新性质、新功能的物质或物品（比如材料、系统）。新的性质和功能可能会帮助我们解决一些过去解决不了的问题，比如，我们可以利用纳米技术加工出超疏水材料，通过改善材料表面的微观结构，在纳米尺度下进行"修饰"，使其具有"超疏水"的效果。用这种"超疏水"材料可以制造出不沾水的雨伞和雨衣，下雨之后轻轻一甩就变干了。

◎ 此"量级"非彼"量级"

　　说到微小量级的计量单位，其实不仅有"纳米"，还有"纳克""纳升"，等等，1 千克是 1000 克，1 纳克就是 10^{-9} 克。微小的计量单位不仅有"纳"，还有"微"。不过相比之下，"微"比"纳"大得多，长度单位中，1 微米等于 1000 纳米，也就是百万分之一米。而微克、纳克，分别是百万分之一克和十亿分之一克。

有没有比纳米更小的尺寸名词呢？当然有了，比如"皮米"和"飞米"。"皮米"是千分之一纳米，而"飞米"是千分之一皮米。但我们为什么研究"纳米技术"而不去研究更小的"皮米技术"和"飞米技术"呢？当然也可以研究，但原子和分子的尺寸通常是纳米量级，更小之后就不是利用原子和分子来制造物质了，属于另外的研究领域了。就现在来说，"当红"的还是"纳米技术"。

◎ 微纳米科学的应用

"微纳米科学"是现在学术上更常说的一个词，既包含了纳米尺度下的科学技术，又包括了微米尺度下的科学技术。在实际应用中，有很多情况需要"微米技术"和"纳米技术"相结合，用微米技术来做出"系统"，再用纳米技术来加工系统里的"元件"。

我们最常用的手机中央处理器芯片、摄像头、各种传感器以及电脑的 CPU 等，都是利用微纳米技术研发制造出来的。这些都是在微小尺度下进行的加工，像手机和电脑里面的处理器芯片里面的"线宽"都是纳米量级的尺度。由于微小尺度下存在着"尺寸效应"，具有与宏观世界不同的性质，也会遇到新的问题，因此其加工方法与宏观世界的加工方法不同，属于纳米技术的范围。还有现在非常流行的可穿戴设备，也是需要微电子科学和生物科学相结合制作的，前段时间就报道过，某公司的 CEO 植入了检测健康指标的芯片，这也属于微纳米科学的应用。除此之外，微纳米科学在生物化学领域也有很多应用，比如帮助人们在微尺度下检测生物结构和诊治疾病等。

所以，微纳米科学其实是个"跨界"的交叉学科，需要微电子，也需要力学、机械学，还需要生物、化学，是微纳米尺度下的一种学科融合。

◎ 小心"乱蹭热度"的产品

既然"纳米"是一项能够提升受追捧程度的帽子，就难免有其他产品来"蹭热度"。如果没有用到纳米尺度下的特殊性质、没有新的优势，就不能称之为纳米技术。就像把煎饼果子做成纳米厚度的，这种"纳米煎饼"没有什么优势，反而不够吃了。

除了蹭"纳米"这个词本身的热度以外，也有很多产品蹭纳米新材料的热度，比如当红明星"石墨烯"的热度就很高。

确实，石墨烯是获过诺贝尔奖的研究成果，主要优势在于其电学特性，确实是个"好家伙"。但如果卖文具的时候说铅笔中用到了"石墨烯"这就属于蹭热度了。因为石墨烯其实就是"单层石墨"，虽然铅笔中也包含着由石墨烯"堆积"在一起的石墨，写字的时候纸面上也可能会留下多层甚至单层石墨烯，但其实铅笔的"写字"功能显然没有用到石墨烯关键特性。这就属于蹭热度了。还有很多产品自称使用"纳米发电"，有的产品确实是用到了纳米摩擦发电技术，但也有一些只是利用了"切割磁感线"这种发电方式或者是在里面装了个电池，并不属于纳米技术。

当然了，"纳米"现在这么"红"，我自己也会蹭一蹭纳米技术的热度，自称研究的是"微纳米科学"领域。

CHAPTER

02

吃喝要
有仪式感

01
人类与糖的罗曼史

"糖果"在中国文化里一直有着很美好的寓意，每逢过年，家家户户都会在精致的糖果盒里面摆满精美的糖果，迎接甜甜美美的新年。同时，糖果也是"哄孩子"的重要工具之一，有时候大人看到孩子哭闹，就会用糖去"堵嘴"，因为孩子们一般爱吃甜食。不过这个方法对我无效，要是有人对我说："来，吃块糖。"我会说："不，我要吃肉！"

◎ 情不知所起

目前认为世界上最早造出来的糖是我国古代的"饴糖"，用米和麦芽熬制而成，也有人称之为麦芽糖，所谓"甘之如饴"说的就是它。在我国古代，也会用甘蔗来制糖，但糖是在唐代从印度学习了制糖工艺之后才真正被广泛使用的。宋代的制糖专著《糖霜谱》里系统记载了制糖的方法、工艺参数等，这大概就是早期的"下厨房"吧。

　　我国现在的制糖业，南方用的原料主要是甘蔗，北方用的原料主要是甜菜。实际上甜菜开始用于制糖的时间比较晚，直到 18 世纪，德国科学家才发现甜菜的块根里面含有蔗糖。甜菜制糖业推动了"机械化制糖"的发展，而且甘蔗只能生长在热带，但甜菜是连西伯利亚这种地方都可以生长的，这才有了俄罗斯的传统美食"甜菜汤"。

　　我们现在经常听说的糖除了糖果以外，还有白糖、红糖和冰糖。其实这些糖的主要成分都一样，就是蔗糖，差别在于它们所含的杂质不同。虽然不同种类的糖有 90% 以上的成分都一样，但"杂质"才能决定它们的"个性"。就像酒的主要成分都是乙醇和水，但酒的优劣取决于主要成分以外的东西。如果你用实验室里面 MOS 级[①] 的无水乙醇和去离子水兑

---

① MOS 级化学试剂是一种高纯试剂，属于生产金属氧化物半导体电路专用的化学品，全称为"金属－氧化物－半导体"(Metal-oxide-semiconductor)。——编者注

在一起的话，这种"勾兑酒"的杂质会非常少，听起来挺"纯净"，但估计味道不怎么样——当然了，实验试剂也是不允许"喝"的。

◎ 究竟什么是糖

我们生活中说的糖，通常是指食品或者调味剂，但广义上来说，"糖"实际上是一类化合物，比较学术的说法会称之为"糖类"。我们中学时候的生物课上都学过：糖是多羟基醛或多羟基酮及其缩聚物和某些衍生物的总称，又被称为"碳水化合物"，因为大多数糖类的主要成分是碳、氢、氧，并且在很多糖类物质里，这三种元素的比例看起来就好像是"碳"和"水"化合在一起了。当然，如果你吃木炭就着水喝下去，并不会有吃糖的效果。

从糖的定义可以看出来，"糖"和"甜味"没有必然联系，甜的不一定是糖。这是当然，我们喝的零度可乐、健怡可乐都不含糖，却有甜味。食品添加剂木糖醇、糖精也都有甜味。一般认为甜味和分子结构中的羟基有关，分子中含有三个羟基就会让人感觉到微甜。单糖结构一般有五个以上的羟基，刺激味蕾的感受器，再由神经传导至大脑。

糖也不一定都有甜味。葡萄糖、果糖、蔗糖、麦芽糖是有甜味的，所以我们吃的糖果、蜂蜜都是甜的。但有些东西的主要成分属于糖，却没有甜味，比如棉花。对，是棉花，不是棉花糖。棉花的主要成分就是一种糖，叫作"纤维素"。这个词应该不陌生吧，我们所谓的健康养生要"多吃膳食纤维"，膳食纤维的主要成分也属于糖类，因为这种糖类不能被人体吸收，吃了能增强"饱腹感"，还不容易发胖。虽然吸收不了，但膳食纤维有很多作用，比如促进肠道蠕动、防止发胖，等等，所以也不是"白吃"了。

淀粉也属于糖类，吃的时候被唾液淀粉酶分解成麦芽糖，会让人感觉到甜。"淀粉本身其实没有甜味"这句话还成了比较流行的考试题。我们知道这句话的意思是：淀粉分子并没有对人的味觉进行直接刺激。但我一直觉得这种表达是有问题的。我们说一个东西有没有甜味，指的是吃在嘴里的感受，而不是去分析它"应该有"还是"不应该有"。吃的时候有甜味，就是有甜味；吃的时候没有甜味，就是没有甜味。"有甜味"是一种味觉感受，什么叫"本身没有甜味"？如果能这么说的话，冰激凌、碳酸饮料本身都是没有甜味的，而是里面糖的甜味？显然不会这么说。所以，"有甜味"不是分析出来的，而是以感受为准。

◎ 糖分摄入过量警告

对于人体来说，糖类是必需品，可以为人体提供能量。人"吃糖"就相当于手机"充电"，消耗不掉的糖会转换成脂肪储存起来。人体能直接吸收的都是单糖，主要有葡萄糖、果糖和半乳糖。所谓单糖，就是不能被再水解成为"更单的糖"了，身上常备一颗糖，有效缓解低血糖。

　　像蔗糖、麦芽糖、淀粉之类的，都需要先分解成单糖才能吸收，而人体不能把纤维素之类的物质分解成单糖，也就不能将其吸收。葡萄糖是人体的主要供能物质，尤其是人的大脑，它只能靠葡萄糖供给能量。"血糖"则是指血液中的葡萄糖含量。

　　现在有很多关于糖的危害的研究，其中有不同的说法，而我的观点是糖和大多数营养物质一样，不吃不行，使劲吃也不行（其实是废话，什么东西使劲吃都不行）。对于大多数人来说，多吃糖最大的危害就是"能量过剩"。摄入过多的糖会被储存起来转化成脂肪，北京烤鸭就是这么喂出来的。

如果体内的"糖代谢"出了问题，人就会生病，比如糖尿病。之前有人说"吃糖不会导致糖尿病"，我和他开玩笑说："要不你每天吃十千克白糖，持续一年看看会不会得病？"确实，糖尿病与遗传有很大关系，I型糖尿病主要是免疫系统异常所导致的，目前认为和吃糖没有直接关系。但II型糖尿病和营养过剩有关，对于大多数白领来说，运动量并不是很大，能量消耗不多，所以使劲吃糖的话容易造成"营养过剩"和肥胖。简单地说，胖子得II型糖尿病的风险更大，而多吃糖是很有可能吃成胖子的，所以多吃糖会增大得糖尿病的风险。当然，所谓"多吃"和"少吃"都是相对个人的运动量而言，而且不同人的体质也有差异，所以有的人吃的糖比你多，却比你瘦。

在不同地区、不同历史时期，糖的"危害"也不一样。有的国家还在挨饿，根本不存在营养过剩，吃些糖当然是有好处的。而对于现在的中国人来说，尽管物质丰富，到处都是美食的诱惑，但是大家以瘦为美，因此很多人不管胖不胖都在跟风"减肥"。其中比较流行的减肥方式，就有"断糖减肥法"。

以我个人和周围朋友的经验来看，"断糖"确实对减肥有不小的帮助，但不利于大脑的运转。所以，"少糖减肥法"更有利于健康，也就是少吃精细的主食，尽量避免吃人工添加糖的食品。

现在的生活中，即使你"尽量避免吃糖"，也会不知不觉吃到不少糖——朋友的喜糖、偶尔尝一块的蛋糕，含糖量都比较高。所以，我们一定要从思想上开始注意，尽量避免摄入过多糖类。毕竟，我们希望的是"生活比蜜甜"，而不是"尿液比蜜甜"。

我每天要吃多少糖，
才能既保持大脑的运转，
又可以减肥呢？

你问出了所有人
的心声。

02
外太空生活用水日志

很多孩子的梦想就是长大以后成为宇航员、航海家，希望能够"上九天揽月，下五洋捉鳖"。的确，宇航员看起来很酷炫，可以探索很多人类没有探索过的地方，在这些地方第一次留下人类的身影。然而成为宇航员要经过大量的艰苦训练，培养一个宇航员也要花费大量的资金。为了节约，每项花费都要进行"精打细算"，比如"喝水"这件事儿上就得节省。

◎ 宇航员是怎么喝水的

所谓的"不好喝"并不是指味道不好，而是说喝水不容易。即使是琼浆玉液，在宇宙中微重力的作用下，想喝下去也得"有两下子"。在太空中，用正常的杯子是很难喝到水的，

通常是用吸管连接着一个密封的袋子，把水挤入嘴里。而且水不会自动往下走，得小心咽下去别呛进鼻子里。

除了喝水需要技术以外，水的来源也是问题。我们如果在家从网上买一箱矿泉水，经常会是"包邮"，实际也没多少运费。但如果宇航员在国际空间站里"网购"一箱矿泉水并要求火箭发货，那钱主要就都花在运费上了。没听说哪家快递公司是能用火箭配送的，就算真的有，发上去之后还得和空间站对接成功才行。

我们知道开车带的人多会费油，骑电动车如果带人的话耗电也很快，火箭发送也是一样，到空间站的路途非常遥远，而且还不是"平路"，是向上飞，所以运送是很费燃料的。而火箭用的燃料可不是7块多钱一升的92号汽油，有人测算过，运送1千克的东西到空间站，运费大概要1万美元。所以宇航

对不起，您选择的三箱纯净水无法付款。"XXX号空间站"不在配送范围内，请您重新定位。

员喝的一杯水，送过去的运费大概要 3000 美元。

　　每个人每天喝水就要 2 千克，再加上日常要用的水，开销实在太大，得想个办法节约——自己在空中"制水"。

　　空间站收集水的方法不止一种，比如进行舱内冷凝，把宇航员呼出的蒸汽和其他蒸发的水汽收集起来。至于尿液和其他污水，可以采用一种超强的过滤技术——反渗透法来处理。

　　我们平时喝水和吃饭其实不太一样，吃饭是吸收了化学能 [①] 再排掉，而水里面没有我们能吸收的能量，很大一部分在我们的体内不会发生化学变化，只是帮助我们代谢。所以大部分喝下去的水只要经过处理净化，去除代谢废物之后还是可以再次饮用的。

◎ 酿酒、半透膜与反渗透

　　半透膜是一种只能让小分子和离子来回进出的薄膜，简单

---

① 化学能：一种很隐蔽的能量，不能直接用来做功，只有在发生化学变化的时候才会释放出来，变成热能或者其他形式的能量。——编者注

理解，就是比半透膜孔径大的物质会被阻挡在外，比如蛋白质分子。其实半透膜到处可见，比如细胞膜、膀胱膜、羊皮纸、鸡蛋壳膜、萝卜皮、肠衣等都是半透膜。

据说，半透膜是在"厨房"发现的。当年的法国物理学家诺勒想寻找一种酿酒的方法：他用猪的膀胱膜给一个酒瓶子封口，然后将酒瓶子全部浸入水中，想看看这样酿出来的酒味道怎么样，结果发现膀胱膜向外膨胀，水渗入了酒瓶子里面，最后把膀胱膜撑破了。

我们也可以做一个实验：把一个杯子的中间用半透膜隔开，左右体积相等，左边放入清水，右边放入同样多的高浓度盐水或糖水，保证两边高度相同（压强相同）。但过一段时间你就会发现，左边清水的液面会更高一些，这个高度差会一直持续下去，这是因为左右两边的清水和盐水之间存在着压强差，而这个压强差被称为"渗透压"。由于右边浓度高、水分子相对少，自由扩散的水分子过去的多、回来的少，而盐和糖分子无法穿过半透膜。

所以静脉注射的时候要用 0.9% 的生理盐水作为药物载体，让注射液是"等渗"的。如果配比不当，比如盐的浓度过低，红细胞就会像之前说的膀胱膜一样，因为吸入了过多的水而涨

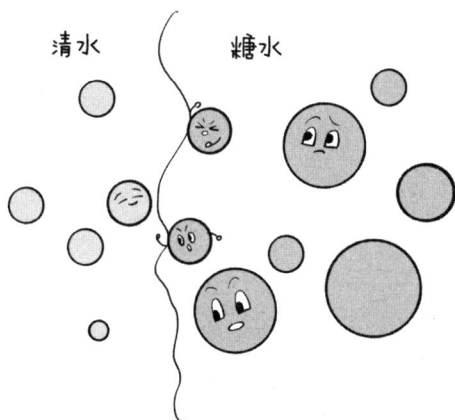

这道结界只有瘦子可以通过。

清水　　糖水

破。红细胞破裂的数量多了，发生溶血，会危及生命。而如果盐浓度太高，就会让细胞里的水流到外面，造成失水。

　　由此可以看出，水会被高浓度的部分"吸走"，自动向低浓度的区域自由扩展，趋向于让两边浓度相等。同时也说明了，如果半透膜孔径大小合适，就能只让水分子通过，病毒、大分子、水合离子都无法通过。那如果我们反过来，不让低浓度区域的水被吸走，而是给浓度高的一侧使劲加压，把高浓度部分的水从半透膜挤出去，让它的浓度更高，这个过程就被称为"反渗透"。

　　简单理解反渗透过滤法，就是用孔径极小的膜，一侧放入污水并且加压，使纯净的水流到另一侧，实现滤水的目的。宇航员就是用这样的方式，把尿液中的杂质过滤掉，之后接着喝……虽然听上去有点难以接受，但实际上我们的生活用水都是用污水过滤出来的，而宇航员喝的这种水，可能比我们日常饮水的质量更好。

◎ 为什么海水不解渴

　　实际上，反渗透技术不仅仅用于航空等高端领域，一些滨海地区也会利用反渗透技术进行海水淡化。

　　首先要明确一点，即使海水里没有细菌也不能直接喝，不是口感不好，而是喝多了会死人，这也和渗透压有关。曾经有过的海难事件中，一些人在海面上漂浮着等待救援，几天没有水喝，有的人确实是被渴死的，而有的人喝了海水，却死得更快。因为海水的盐浓度高，通常有 3.5%，远高于 0.9% 的生理盐水（这个比例才和我们体内的渗透压相同），所以喝下去的

为什么喝了海水后更渴了呢？

海水不仅不会进入细胞，反而会让体内细胞里的水渗透出来。

　　所以，如果滨海城市的居民缺乏淡水，就要进行海水"淡化"，也就是脱盐。当然，也有蒸馏等别的方法，但比较先进、节能的技术就是反渗透法，就像去除宇航员尿液中的杂质一样，把海水里面的杂质和盐过滤掉。

　　即使并不住在海边，反渗透离我们的生活也不远。现在很多学校、公司都有饮水机能提供"直饮水"，其实就是自来水经过反渗透处理，变成了纯净无害的水。不过如果一直挤压，大分子可能会把反渗透膜的孔堵住。所以为了延长反渗透膜的寿命，需要把这些杂质冲走，显然我们也确实不能把所有的水分子都挤出去，而另一侧只留下固体，所以就会有排出的废水。我们日常用的净水器，生成一升纯净水的同时，通常也会排掉一升左右的废水。而我们买的纯净水，无论是桶装还是瓶装，大部分都是用这种方法制造出来的。

既然叫"反渗透"，就是与自然状态相反的，也就是需要我们"加压"，把水挤过去。而供水的水压通常难以达到这个压强大小，所以利用"反渗透"技术的饮水机都需要用电，通过水泵来增加压强。

不仅是饮用水，其实我们用的手机，里面"芯片"的加工也离不开反渗透技术。因为集成电路的加工过程中需要多次清洗，而颗粒和离子的污染都会影响芯片的性能，所以必须用特别纯净的水来冲洗，这种水叫作"去离子水"。反渗透过滤就是制作这种水的过程中重要的一步。

也就是说，纯净水的加工，用的也是宇航员的"喝尿装置"，而我们的手机制造，也同样离不开反渗透技术。

03
三文鱼和它餐桌上的亲戚们

　　大多数人对鱼都比较熟悉，这是因为鱼经常出现在我们的餐桌上。其实有很多名字叫"鱼"却不是鱼类的"鱼"，这些带"鱼"的名字也只是我们的俗称，比如鳄鱼、章鱼、甲鱼、鲍鱼、鲸鱼、娃娃鱼，等等。不过大多数名字叫"鱼"的生物都属于鱼类，就比如说三文鱼。

　　如果你爱吃日本料理，肯定对三文鱼刺身不陌生。不过近年来有的人会觉得"越吃越糊涂"，因为发现很多所谓的三文鱼都是"陌生面孔"。比如有一种"虹鳟鱼"，有的时候也会被作为三文鱼来卖，还有人称之为"淡水三文鱼"。后来国家的有关协会真的把虹鳟鱼列为了"三文鱼"的一种，这就让大家更糊涂了。另外，三文鱼是源于英文单词"salmon"的音译，但"salmon"这个词的中文释义叫作"大马哈鱼"。难道东北的炖大马哈鱼和日式料理生吃的刺身是同一种鱼吗？三文鱼、虹鳟鱼和大马哈鱼到底是同一种鱼还是它们之间有什么亲戚关系？都能生吃吗？

想搞清楚这些，就要先区分两个概念，一个是生物的分类名称，一个是生活中的俗名。

◎ "鲑科鱼"大家族

分类学家将各种生物按照"界、门、纲、目、科、属、

谁才是真正的生食三文鱼？

种"来分类，简单理解就是从"大类"到"小类"的关系，就像"学校、年级、班级、小组"，让每一种生物都有"编制"。比如，我们经常说的"猫科"动物就包括14个属，其中一个属叫"豹属"，里面又包括狮子、虎、雪豹等不同的种。而每层"组织"之间其实还有"中间组织"，比如"纲"下面还分为"亚纲"，"亚纲"下面又分为"总目"，然后才到"目"这一级。

如果鱼按照这个体系来分，里面就有一个叫作"鲑科"的群体，这是一个"科级"群体，这个群体有它所隶属的门、纲、目。而我们更关注的其实是"鲑科"都包括了什么生物：

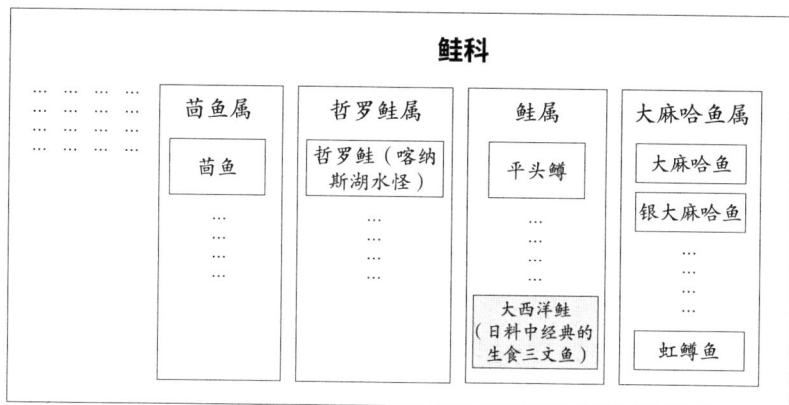

鲑科				
… … … … … … … … … … … … … … … …	**茴鱼属** 茴鱼 … … …	**哲罗鲑属** 哲罗鲑（喀纳斯湖水怪） … … …	**鲑属** 平头鳟 … … 大西洋鲑（日料中经典的生食三文鱼）	**大麻哈鱼属** 大麻哈鱼 银大麻哈鱼 … … 虹鳟鱼

前文说的大马哈鱼、虹鳟鱼、三文鱼都属于这个群体。那么，这三种鱼究竟属于"鲑科"里面的哪个具体"部门"呢？

"鲑科"里面一共有 15 个"部门"，也就是 15 个属，其中有一个叫作"太平洋鲑属"，又被称为"大麻哈鱼属"，黑龙江地区盛产的大麻哈鱼，就是这个属里面的一个物种，因为是音译，所以很多人更习惯称之为"大马哈鱼"——不是"马大哈"，是"大马哈"。除此之外，大麻哈鱼属还包括银大麻哈鱼、红大麻哈鱼、驼背大麻哈鱼，等等。其实生物学上的命名有个特点，就是有的名字前面加了"定语"之后，可能就是不同的物种，和加定语之前所指的物种并不一定是隶属关系。比如"银大麻哈鱼"并不隶属于大麻哈鱼，两者是并列关系。"虹鳟鱼"也是大麻哈鱼属的一种鱼类，和大麻哈鱼同样是并列关系，而金鳟鱼是特殊的虹鳟鱼。

所以我们常吃的"大马哈鱼"和"虹鳟鱼"其实是"大麻哈鱼属"这个群体里面的两种鱼。

但日式料理中经常生吃的那种经典三文鱼刺身就不一样了，这种三文鱼叫作"大西洋鲑"，它并不属于"大麻哈鱼属"，而是属于另一个叫作"鲑属"的"部门"。可以理解成，虹鳟鱼和大马哈鱼在一个班级里的不同小组，而那种传统意

义上生吃的三文鱼是在另一个班级。不过它们都属于一个大家族，所以确实有一定的亲缘关系。

不仅是这三种鱼，我们常吃的"茴鱼"也属于"鲑科鱼"这个大家庭，只不过茴鱼和这几种鱼都不在同一个"班"，而是属于"茴鱼属"。更奇妙的是，传说中著名的"喀纳斯湖水怪"，其实也是"鲑科"这个大家族的，属于"哲罗鲑属"。

◎ 取名字的重要性

经典的"生食三文鱼"，其实是"大西洋鲑"这个物种，学名叫作"salmo salar"，英文"俗名"叫作"Atlantic salmon"。我国最早引进这个产品的时候，引进的是挪威的三文鱼，名称也是由英文单词音译得来，所以我们以前提到"三文鱼"时，会默认是"大西洋鲑"。简单明了确实是很必要的，要不然去饭店点菜说"给我来一份产自挪威的大西洋鲑刺身"，实在很冗长。

请给我来一份来自挪威的鲑科鲑属的大西洋鲑刺身，谢谢！

　　生活中的俗称往往比较随意，不需要很严谨，所以有的时候两种生物只要有一定共同特点，比如长得很像，就被起了同一个名字。尤其是当时命名的人比较"懒惰"，把很多和"大西洋鲑"类似的鱼都叫"××salmon"，然后就都被翻译成了"××鲑"，而如果按照音译，就都能翻译成"××三文鱼"。不过即使是这样，"虹鳟鱼"的英文名里也没有"salmon"这个词，而是叫"trout"。

　　舒伯特有一首著名的乐曲叫作《鳟鱼》，英文名是 *Trout*。其实一般英文名带"trout"这个词的，都会被翻译成"××鳟"。鳟鱼确实是"鲑科"里面的一类鱼，但它并不是一个分类学上存在的名称。有一些"鳟鱼"属于"大麻哈鱼属"，比如虹鳟鱼，也有很多属于大西洋鲑所在的"鲑属"。

　　既然"虹鳟鱼"和"salmon"这个词没什么关系，为什么会说自己是三文鱼呢？一方面是"蹭热度"，因为经典的三文鱼，也就是大西洋鲑比较受欢迎；而另一方面，虹鳟鱼确实也能沾上"salmon"的边。因为它也属于"鲑科"，而鲑科的拉丁文学名叫作"salmonidae"，英文是"salmonoid"，所以也能音译成"三文"。英文的"salmon"往往把这些鲑鳟鱼都包括了，和我们平时生吃的挪威三文鱼是不一样的。

◎ 什么鱼能生吃

鱼能不能生吃，目前人们主要考虑的是"寄生虫"的问题，担心生吃下去后寄生虫会在体内寄生。一般来说，海里的鱼虾因为所处的环境、盐度与人体的内环境不同，所以它们身上的很多寄生虫在人体内难以生存。但这并不是绝对的，比如异尖线虫，这是一种海洋鱼类的寄生虫，人如果吃了含有它幼虫的生鱼片就有可能感染寄生虫。而蘸酒或者芥末这样的酱料其实是难以杀死这些寄生虫的，想想也是，芥末和酒本来就很难浸到鱼肉里面。所以根据美国和欧盟的食品监管部门的规定，生食的三文鱼要在低温下冷冻一定时长才可以食用。所以，并不是生吃海产的三文鱼就一定安全。但是如果养殖条件管理得足够好，比如，在没有寄生虫的环境下养殖，也就不会感染寄生虫。从原则上说，有关协会把虹鳟鱼等几类别的"鲑科"生物也当作可以生吃的"生吃三文鱼"，如果养殖、检疫都特别规范就不会有问题。而对于经典的挪威三文鱼（大西洋鲑），想要生吃，同样需要规范的养殖和操作程序。如果两者操作都不规范，都会有感染寄生虫的风险，而相比之下，生吃淡水鱼感染寄生虫的概率会更大。

　　有人说，如果以后市场上的虹鳟鱼也叫"三文鱼"的话，很容易"混淆视听"。但其实叫什么名字不重要，如果想找经典的生吃三文鱼，只要认准"挪威三文鱼"或者"北大西洋鲑"就可以了。而从肉质上来看，虹鳟鱼和挪威三文鱼虽然有点像（毕竟是亲戚），但还是有差别，比如挪威三文鱼脂肪层更厚，即使切得很厚，咬起来口感也很好，颜色也更鲜艳，所以还是可以区分出来的。不过，无论哪种鱼，都是做熟了吃更安全。

04
方便面在垃圾食品里算老几

"你知道方便面的 12 种吃法吗？"

"我只知道一种吃法——用嘴吃。"

大多数像我这个年龄的朋友，从小就有一种特别喜欢的美食，叫作"方便面"。当然，它还有很多名字，快餐面、泡面、碗面、速食面、公仔面……也有很多吃法——干吃、泡着吃、拌着吃、煮着吃……特别是为了收集某些牌子里面的塑料卡片或者"水浒英雄卡"的时候，就会更爱吃方便面了。但这种美食经常会被父母以各种各样的理由拦在嘴外，比如，有人说"吃一袋方便面能量要消耗两周"。我听了之后就很奇怪，吃一袋方便面能量要消耗两周？这吃的到底是方便面啊，还是能量块啊？要真是这样的话，那我每两周吃一袋方便面，一个月吃两袋方便面，五块钱伙食费就够了……太省钱了！怎么可能啊？！

还有人说，方便面的危害在于其面饼是油炸的。吃油炸食品确实不好，但是方便面含油量有限，吃的时候并没有感觉油腻，明显和炸油条、炸面鱼的口感不一样。其实，我们平时吃的很多食品都比方便面"更油"。

◎ "垃圾食品"这个锅到底是谁的

方便面里的添加剂让很多人闻风丧胆，认为添加剂不天然，吃了会导致很多问题。生活中有很多人认为人工合成、人为添加的东西是不安全的，"天然"才安全。这是一个错误的观念，古代的很多毒药都是天然的！也并不是所有添加剂都不安全，要知道，盐和糖也属于添加剂的一种。人们对添加剂的刻板印象大概是源于对无良商贩的新闻报道，像为了增加色泽卖相而胡乱添加化学品，或者为了降低成本而在烧烤、麻辣烫里面添加各类调味剂的现象。但凡是经过国家安全监测和批准的，有正规许可证的添加剂，按照规定剂量添加一般都不会有安全问题。

添加剂里面的"防腐剂"尤其受到关注，有人觉得方便面

包装上写着"无防腐剂"是骗人的，甚至有人认为吃方便面会变成"木乃伊"。试问，制作"木乃伊"有这么容易吗？天天吃方便面就可以炼成"金刚不坏之身"了？其实方便面含水量特别低，细菌不容易生长，要知道对于厂家来说，防腐剂也不是大风刮来的啊，也是要花钱买的，没有必要放防腐剂的时候干吗要放呢？当然了，酱料包里面可能会有防腐剂，主要是为了抑制细菌的生长，常用的有苯甲酸、苯甲酸钠、山梨酸钾，等等。有人觉得防腐剂有一定的毒性，会危害人体健康，实际上只要符合食品安全标准就不用担心。即使是像亚硝酸盐这种

"著名有毒物质"，作为防腐剂和增色剂的时候也并不会伤害你，因为剂量特别小。不过滥用防腐剂的话，比如大量使用防腐剂、使用廉价的毒副作用大的防腐剂等情况是会对我们产生危害的。大家熟悉的福尔马林，就是禁止作为食品防腐剂使用的。如果我们吃鱼虾的时候有一股让人非常难受的福尔马林的味道，那就是遇上了不法商贩。

　　还有一个比较流行的说法：吃方便面会致癌，方便面产生的"丙烯酰胺"是一种致癌物。那么您觉得糖炒栗子是不是健康食品呢？它里面含有更多的丙烯酰胺。丙烯酰胺吃下去确实

脱离剂量谈毒性都是要流氓！

防腐剂

不好，但由于这些食物中丙烯酰胺的含量并不大，所以通常不用担心。不过在我看来，吃方便面确实能"致癌"——懒癌！屋里囤积了方便面之后，就给我们提供了"肥宅"快乐生活的客观条件。

综上所述，方便面并没有传说中那么大的危害，不过它真的有那么好吃吗？

反正对我来说，如果把山珍海味放在我面前，我是不会去吃方便面的。如果过年的时候让您吃一包方便面当作年夜饭，估计您也不乐意。对我们来说，方便面的优点就在于"方便"，而且便宜。在同时满足"懒"和"穷"这两个条件的食品中，方便面的确是比较好吃的了。

◎ 吃货请注意

虽说方便面没有那么大的危害，但它也确实算不上健康食品。从营养角度来说，吃方便面就是在吃主食和调料，那些干菜叶的营养微乎其微，不太符合现代的健康饮食理念。我们现在通常建议多吃蔬菜、水果以及蛋白质，碳水化合物要适量，不宜吃太多。特别是超重的人群，应该少吃精面加工出来的主食。所以如果长期食用方便面，的确不利于健康。另外，方便面的油盐调料包的口味偏重，全部放进去能够满足重口味的刺激，特别"解压"。我们往往会在忙的时候吃方便面，本来压力很大，正好可以靠调料包刺激一下，但这却是不利于健康的方式。

对于吃货来说，可能很多美食都对健康不那么有利，比如烤肉、可乐，但没办法，谁让这些美食诱惑力那么大呢。作为临时充饥的食品，方便面确实很方便。如果食用，尽可能选择非油炸方便面，热量相对来说会少一些。调料包要放得适量，尤其是尽量不要搭配榨菜火腿肠之类更高盐、高油的食品，可以搭配一些新鲜蔬菜、蛋白质含量高的食品。

05
揭秘面包店不为人知的行业内幕

当你经过面包店的时候，经常会有一股浓郁的香气扑面而来，常常禁不住诱惑走进去——这大概就是面包店把香气"放出来"的目的吧。即使我们为了保持身材而控制自己不去买，也控制不住自己的思想，总会情不自禁地感慨"怎么这么香"！

是啊，怎么这么香？

◎ 香气从何而来？

到底什么是"香"？所谓的"香"，其实是物质刺激了嗅觉神经后产生的愉悦感受。食品香气的来源比较复杂，有些是原料本身散发的香气，刺激嗅觉神经、产生了愉悦的感受：水

我怀疑我妈妈是隐世的气功大师。

我昨天问她怎么不吃饭，她说她气饱了。

此话怎讲？

果的芳香，包括有机酸酯类、醛类、酮类、醇类，等等，比如，葡萄香气的主要成分是邻氨基苯甲酸甲酯。还有一些是"人工香料"，通常是仿照想要的香味"原型"调配而成的，比如葡萄味的空气清新剂。

还有的香气源于化学反应，反应中的代谢产物刺激了嗅觉神经。生活中我们经常闻到的香气往往都是源于加热中的化学反应，是的，主要发生在做饭过程中。经典的例子就是炖鱼的时候要加醋和料酒，利用酯化反应产生具有芳香特性的酯类。而在烤面包、烤肉的过程中，那诱人的香气也是化学反应的功劳：这就是著名的美拉德反应和焦糖化反应。

◎ 面包的自我修养

美拉德反应是以法国化学家美拉德（Maillard）的名字命名的，也有人翻译成"梅纳反应"。但更具学术特色的名字叫作"羰氨反应"，指的是以羰基化合物和氨基化合物发生的聚合、缩合反应为主的一系列复杂反应，有上百种产物。这种反应听起来好像是发生在实验室里的化学药品之间，反应之后的产物真的能吃吗？好吃吗？怎么吃？其实如果按我们生活中常用的营养学名词来说，"美拉德反应"主要就是还原糖和氨基酸放在一起加热时发生的反应。

还原糖有很多，像葡萄糖、果糖、木糖都属于还原糖，而蔗糖、淀粉一类的不是，不过它们也可以分解生成还原糖。氨基酸是大家再熟悉不过的物质了，蛋白质就是由它构成的。我们平时爱吃的"糖醋排骨"，就是典型的美拉德反应造就的美食。

美拉德反应还被称为"非酶褐变反应"。顾名思义，"非酶"就是指反应中不需要酶来作为催化剂，而"褐变"指的是反应会生成棕色或者黑色的大分子物质。炒菜"上色"利用的就是这个反应，面包和烤鸭极具诱惑的外表也与之有关。

既然都是"美拉德反应"，为什么烤鸡和烤鸭的香味不一样呢？因为不同种类的糖、氨基酸的不同组合，生成物会有很多差别。美拉德反应并不是一个单独的反应，而是一系列的反应，影响因素非常复杂，糖和氨基酸的种类、环境的 pH 值、温度和时间等都是影响美拉德反应的因素。看似"高大上"的化学反应原理，其实早已被我们化用为生活经验了。比如美拉德反应的温度一般在 120℃左右，但我们平时炖、煮食物的方式往往难以超过 100℃，如果想要在做饭的过程中发生比较明显的美拉德反应，让食物具有诱人的外表和香气，就会采取"油炸"或者"烧烤"的方式，即使是水煮，很多时候也要先"炝锅"。当然，不够 120℃也并不是绝对不会发生反应，而是反应的速率会比较慢。

人无完人，美拉德反应也不是完美的。虽然它带给了食物香气和色泽，却会使之损失部分营养。毕竟进行反应需要消耗掉一些糖和蛋白质，而反应之后的生成物不再属于糖和蛋白质，不容易被人体消化吸收。不过，既然损失了营养、生成物不容易吸收，是不是就能帮助人们减肥了呢？想得美。我们吃烤肉、面包时并不会只吃美拉德反应生成物，吃的大部分东西还是糖和蛋白质本身，所以就不要用"吃烧烤能减肥"的歪理来给自己找借口了。

另外，美拉德反应的生成物"丙烯酰胺"被列为"可能致癌物"，我们讲方便面的文章中曾经提到过这个词，面包、饼

我觉得他说得不对，
吃饱了才有力气减肥啊。

你严肃点，
这是一本科普书。

干里面都含有远高于方便面中的"丙烯酰胺"，虽然没有发现食物中丙烯酰胺与各类癌症之间具有因果关系的直接证据，但有研究认为，长期食用此类食物有损伤神经系统、结缔组织的风险。所以吃水煮鸡胸肉要比炸鸡胸更健康——虽然很难吃。不过我们正常吃饭剂量并不足以造成伤害，吃货们也不必因此放弃美食。几乎所有的食物中都含有糖和氨基酸，想在熟食中完全避免发生这样的反应是不可能的。

◎ 烹饪的最高境界

烤面包带给我们的香气不仅源于美拉德反应，焦糖化反应也做出了很大贡献。它与美拉德反应产生的香气"互补"，给我们带来了美妙的嗅觉体验。

焦糖化反应，顾名思义，是糖类（主要单糖类）加热到熔点以上的高温后发生的反应，也叫卡拉蜜尔作用（Caramelization，焦糖的英文是 caramel）。它与美拉德反应不同，没有蛋白质参加反应，而是糖类"自己玩"，发生脱水、降解。发生焦糖化反应所需要的温度比较高，一般在 150℃ 以上。不过它与美拉德反应的共同点在于都具有香气而且都能产生黑褐色物质。很多食品（比如罐头、饮料、冰激凌）都会加入焦糖色素，就是根据这个原理来生产的。

听起来焦糖化反应好像和美拉德反应很像？确实，焦糖化反应与美拉德反应具有相同之处：它们都不需要酶的催化，也都受到温度、酸碱环境、时间等多种因素的影响，二者在做饭的过程中经常会同时发生。像在我的老家东北地区，当地人在做红烧肉的时候要先"炒糖色"，这其实就是一种焦糖化反应，肉入锅之后，美拉德反应也会同时发生。糖醋排骨的情况也类似，是美拉德反应和焦糖化反应的共同结果，如果放了料酒，还会发生酯化反应。

所以烹饪过程中，美拉德反应和焦糖化反应通常会同时发生。烤鸭、烤肉这种烧烤食物的制作过程中，主要依靠的是美拉德反应，而烤蛋糕的香气则更多归功于焦糖化反应。从直观感受来说，美拉德反应的气味更偏向于肉的"香"，而焦糖化反应气味更偏向于糖的"甜"，当然每个人的感觉不是完全相同的。面包店的气味很多时候都偏向于"甜"，伴随着"香"，不过如果是烤蛋挞的气味，那么"香"的成分就更大了。

无论是美拉德反应还是焦糖化反应，由于影响因素很多，所以烹饪过程中的"经验参数"尤为重要，放什么料、用什么火候都会影响到最后的口感，所以高级厨师虽然可能并不懂得那么多的化学理论知识，却能通过以往的大量"实验数据"成功控制两种反应。不过，"化学"和"烹饪"虽然有些关系，却属于不同的学科，还是不要把本书当作一本烹饪教程了。

不想当厨师的科学家不是好作者！

如何科学地
饲养自己

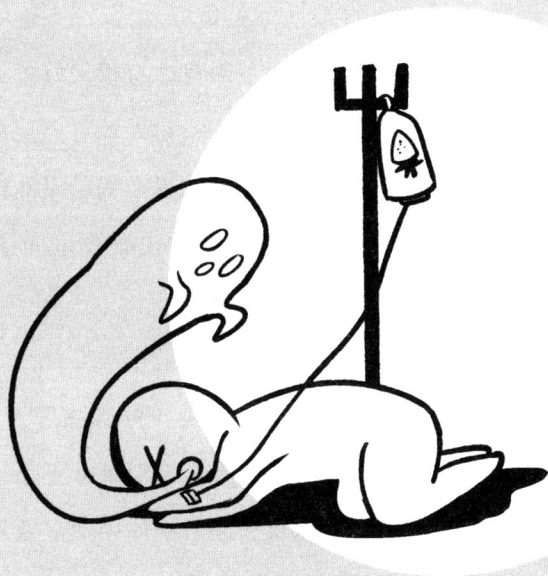

01
养生和作死就差这么一丁点儿

果汁一直被认为是健康饮品，很多人说里面含有多种维生素、矿物质……喝了对身体有很大好处，所以广受"养生达人"的追捧。不过有一些人对果汁有点追捧过度了。我曾经看到一条新闻报道说，有人觉得"喝"果汁已经不能满足自身的健康需求了，于是就从静脉往血管里面注射鲜榨果汁。结果呢？当然是被送到医院抢救了。

可能有人会想，生病一般都需要吃药，但病重的时候吃药就不太管用了，还需要输液（静脉注射），这就说明药物直接进入血液的治病效果更好。难道果汁不是一样吗？如果喝下去"力度不够"，干脆直接注射到体内不是效果更好吗？事实上并不是效果更好，而是让人"走得更快"……

愿天堂也有草莓果汁！

◎ **当血液遇上鲜榨果汁**

　　有时候我们或许并不了解某种说法是否具有科学依据，但可以从逻辑上分析，判断这种说法是不是靠谱：如果真的是缺什么营养都能从血管往里注射的话，那么饿了的时候是不是也能把米饭往血管里塞？缺粗粮就塞玉米面、大馇粥？注射了可乐就能"元气满满"？缺氧就注射空气？这显然是笑话。

科研机构的生物实验室进行动物实验之后，通常要把完成使命的动物"处死"，并进行无害化处理。而"处死"动物所采用的方法之一就是"空气针"，也就是给动物的血管里注射空气。想象一下，空气进入血液中会形成很多气泡，很可能堵住某个重要的血管，形成"栓塞"，导致该器官不能正常工作。病人在接受注射的时候，护士也会先把针管里面的空气排净，一旦空气进入了人的血管，除非特别少，否则后果不堪设想。

"果汁"是液体，进入血液后虽然不会像气体那样形成气泡产生栓塞，但果汁里面含有很多小颗粒物、残渣，会随着血液循环堵住毛细血管，如果堵了脑袋里的血管会怎样？另外，果汁里面有很多细菌、病毒、微生物（虽然表面上看不出来）。细菌病毒进入血液，并在里面生长繁殖，要知道血液可是会循环全身的，到时候细菌"活在我身上每个角落""在我血液中来回滚动"，肯定会"整个人都不好了"。所以进入血液的东西必须要经过灭菌消毒。如果进入人体内的细菌特别少，免疫系统会把这些外来入侵的东西"干掉"。而且，这种免疫机制会把果汁里面的各种大分子成分都视为"入侵物质"，所以很可能会产生过敏反应。

　　另外，果汁的电解质含量、渗透压、酸碱性等都和血液不同，而人体血液需要处在一个稳定的状态，绝不能让果汁进来"捣乱"。

　　不过我们吃下去的东西就不一样了，人体的消化系统会分泌各种各样的"酶"，把食物、大分子都"拆分"成可以吸收的小分子，这些小分子被肠道的毛细血管或者淋巴管吸收，然后进入血液。也就是说，人体会把食物的精华提取出来，把需要的物质以小分子形式输送进血液，没有用的就排出体外。大多数细菌会被消化道的黏膜挡住，无法直接进入血液。如果把果汁这种"原料"直接送入血液，人体是没办法直接利用的，反而只会"添乱"。

　　既然血液怕细菌，那注射干净、无菌的纯净水行不行呢？如果看过《外太空生活用水日志》这篇就会知道，水和血液的渗透压不同，如果注射过多的水会引起红细胞涨裂，发生"溶血"。那输液为什么可以呢？因为输液通常是以配制的 0.9% 的生理盐水或者 5% 的葡萄糖溶液作为载体，药物和血液的渗透压是相等的。

◎ 血液的主要作用

那么，所谓的生理盐水是不是就可以"放肆地"往身体里注射了呢？当然也不可以，这就要说到血液的作用。

血液的主要作用包括运输、免疫和调节，其中运输作用就相当于我们的"物流"或者"快递"。血液包括血浆和血细胞两部分，其中血浆用来运输我们常说的"营养物质"，葡萄糖、

矿物质之类物质都集中在血浆中，流淌到每个组织里面，这些营养物质被吸收利用。而很多代谢废物也会排到血浆中，再由专门的器官组织清理出去。

氧气和二氧化碳分子就不是由血浆直接运送了，而是依靠血液中的红细胞完成。红细胞里面包含着一种含铁的蛋白质——血红蛋白，能够携带氧气和二氧化碳，并且可以和一氧化碳结合得"难舍难分"——这就是煤气中毒的原理。一般来说，脊椎动物体内都有血红蛋白，所以血液是红色的。但一些无脊椎动物就不一样了，比如某些节肢动物和软体动物，它们利用的是"血青蛋白"，不过这种蛋白的运氧能力和血红蛋白相比"弱爆了"。除此之外还有血蓝蛋白、血绿蛋白、血褐蛋白，这些蛋白被统称为"呼吸色素"，不同的蛋白会让血液的颜色看起来不一样，比如虾的"血液"是蓝色的，就是因为血液中含有血蓝蛋白。很多无脊椎动物的血蛋白是直接分布在血液中的，不在血细胞中。昆虫体内都不含血蛋白，因为它们的"微气管"可以直接通到细胞进行气体交换，不需要血蛋白或者血细胞来"送快递"。其实虾、昆虫这些无脊椎动物的"血液"的准确说法是"血淋巴"，简单理解就是既起到血液的作用，又起到淋巴液的作用。

血细胞包括红细胞、白细胞和血小板（用于凝血）。血液的免疫作用主要靠白细胞来"执行"。如果你因为发烧去医院做过血常规检查的话，会发现化验单上有各种各样的细胞名称，比如中性粒细胞、嗜酸性粒细胞、嗜碱性粒细胞、淋巴细胞、单核细胞，其实这些都是白细胞。另外，血液与各部分体液之间相通，在调节我们体内的酸碱平衡、体温等方面也发挥了重要的作用。

所以如果往身体里注射大量的生理盐水，虽然红细胞可能不会涨破，但也会稀释血液浓度。试想一种极端的情况，如果体内的血液全部被换成了生理盐水，那么我们还能依靠什么来完成血液的功能呢？所以如果输液过快，我们可能会感觉头晕、恶心。其实输液本身是有一定的危险的，因为药品直接进入血液不是闹着玩的，对药品的纯度和医生的操作规范要求很高，搞不好会出现过敏性休克。所以，一定不要自己在家里输液！在我认识的医生当中，没有一位医生会让自己或者家人在家里输液。

◎ 你是 A、B、O 哪种血型

既然不能往血管里面注射过多的生理盐水，那注射更多的血液行不行呢？答案是有的行、有的不行。

有一个关于输血的故事，说是在 17 世纪有医生给人注射了羊血，结果救活了病人。我觉得这个故事真实的可能性并不大，即使是真的，也是极其偶然的情况（比如这个病人恰好有免疫缺陷）。后来有很多医生也这么做，最后病人都死了。

……我的医生
认为我是一只羊。

嘿朋友，
你是怎么来的？

给人注射动物的血液是非常危险的，因为这也属于"外来入侵"的行为，人体的免疫系统会发起攻击。曾经有过"打鸡血"的热潮，人体会因打鸡血而亢奋，这其实就是人体对于外侵物质做出的应激反应，实际上非常危险。幸好打入体内的鸡血的剂量不大，并且主要是肌肉注射而不是静脉注射，否则的话也会危及生命。

即使是给人输入人血，也需要"血型匹配"。我们最常听说的是 ABO 血型系统：如果红细胞带有 A 抗原，就是 A 型血，带有 B 抗原的叫 B 型血，A、B 抗原都带的叫 AB 型血，

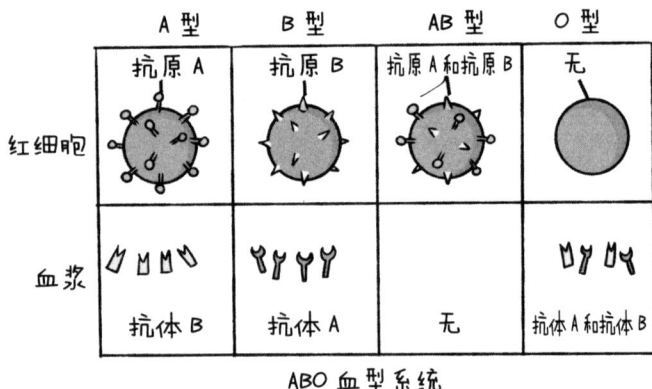

ABO 血型系统

两者都不带的，本来应该用阿拉伯数字 0 来表示没有抗原，但为了统一使用字母，就用了一个长得像数字 0 的字母 O，叫"O"型血。

输血要找同样的"型号"。所谓 O 型血是"万能血"，也只能在迫不得已的情况下少量输入，或者只输入血细胞制品。即使是输入相同血型的血，人体也会有免疫反应（毕竟不是自己的血），通常反应不明显，而一旦反应剧烈就可能会致命。

"海纳百川，有容乃大"，但对于血液来说，可不能随便地"纳百川"，还是自己的血液最安全。

02
如何在没有电的情况下
给手机充电

我上中学的时候听老师讲过这么个笑话："有个人左边镶一颗金牙，右边镶一颗银牙，一张嘴金银就都有了，结果脑袋疼了。""为啥呢？""原电池反应！"

◎ 没有什么是一颗柠檬解决不了的

之前网上有个视频，讲的是"没电的情况下怎么给手机充电？"当然，如果完全没电是没法充电的，这里所说的"没电"指的是没有现成的电，但可以自己创造电。视频中是通过"原电池反应"的方式来发电的。

原电池的概念非常广，将化学能转变为电能的装置都可以

被称为原电池。为什么叫"原"电池呢？我最早听到别人提起这个概念的时候，琢磨着是不是因为电池都是"圆的"，所以叫"圆"电池？实际上原电池的英文说法是"Primary Cell"，这里面"Primary"就是"原"，可以理解成"基本"的意思，现在的电池经过不小的改进和发展，已经不算"基本"了，但讨论这些电池原理的时候，仍会称其为原电池，所以只要是能把化学能转换成电能的装置，都可以称其为"原电池"。有一个英文词组是"Primary cell culture"，和原电池的英文说法长得很像，但二者在含义上毫无关系。这个词的意思其实是"原代细胞培养"，"Cell"既指"细胞"，又指"电池单体"。

原电池里面发生的反应，也就是所谓的原电池反应，一般是"氧化还原反应"。英文一般称之为"Galvanic cell response"，当然，这里 Galvanic cell 也可以表示原电池的意思。电池有"正极"和"负极"，发生氧化反应的是负极，负极的电子被"剥夺"了，而发生还原反应的是正极，它得到了电子。电池的一边得到了电子，另一边失去了电子，这样就会形成不同的"电势差"，可以把电子想象成水，一边得到了很多水，水位高，另一边失去了很多水，水位低，这时候如果用导线作为"管道"把正负极连接起来的话，电子就会从高处流向低处，在导线中形成电流。所以，实际上是电子从负极跑向了正极，从而形成电流，产生了电能。不过由于电子带有负电荷，按照电学中"正电荷运动的方向作为电流方向的"标准，电流的方向与电子运动的方向正好相反，是从正极到负极。

原电池的基本构成：首先要有两个导电的"极"插在电池的"池子里"，池子里的"水"叫作"电解质溶液"，再用导线把两个电极不在溶液里的一端相连，形成由电解质溶液、电极和导线组成的闭合回路。这两个电极也有"门槛"，比较简单的情况是用两种不同的材料，其中至少有一种能和电解质溶

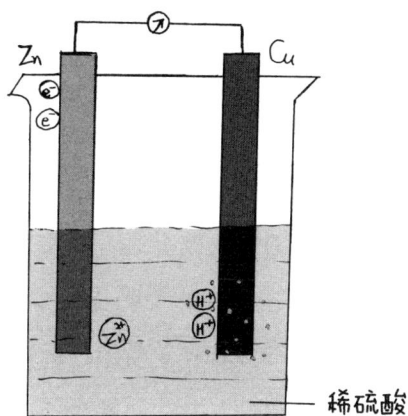

原电池反应

液中的某种成分发生氧化还原反应。有导线相连、反应能力强的电极就会获得"控制电子得失的主动权",控制导线中电子的运动,并"带动"反应能力弱或本来不反应的另一极发生反应,形成一个"获得电子"、另一个"失去电子"的局面。但如果两个电极材料相同,则会形成"谁也带不动谁"的局面,于是两方僵持,电子无法在导线中运动。

常见的简单原电池结构,就是把两种"活泼性"不同的金属片(比如锌和铜)插入酸液当中,其中一种金属要能够与酸发生反应。这两个金属片就成了电池的正极和负极。不过现在还没有形成闭合回路，而当你使用这个电池的时候，比如用导线将灯泡接在正极和负极上，就会形成闭合回路，灯泡就可能被点亮了。当然，如果接的是广场上路灯的大灯泡则可能无法点亮，因为这种简单的电池做不到那么大的功率输出。

有人利用这个原理制作了水果电池：将不同金属材质的螺丝插在柠檬里，再用导线相连。听说以前还有人用分别叠在一起的一元钱硬币（金属镍）和五角钱硬币（金属铜）加上盐水或者醋来制作电池，不过这属于"亵渎人民币"的违法行为，

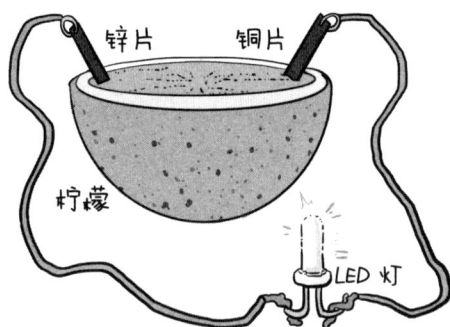

水果电池

可千万不要去模仿。开篇讲的那个笑话，大家也不要当真。金和银在口腔的唾液中几乎是不会发生反应的，即使里面的合金成分相对活泼一些，形成的电流也极其微弱，并不会有"烧脑"的感觉。

随着电池的发展，真正的电池当然不限于上面提到的"简单情况"。比如，电池两极可以是同种材料并且电极本身不参加反应，以及日常使用的"干电池"，之所以称其"干"，就是因为比它更早出现的常用电池是"湿"的，而干电池不需要利用液态的电解质，使用起来方便了很多。

我们现在的手机、电脑、电动自行车和电动汽车上用的各种蓄电池，它们同样是利用原电池反应的基本原理工作的，只不过这些化学反应是"可逆"的，可以在充电的过程中"逆回去"。

◎ **手动发电哪家强**

虽然我们可以用盐、醋、水果、螺丝等自制原电池来发电，但这种方式产生的电能并不多，效率也不高。要想自己发电，更好的方式其实是利用"电磁感应"原理。

法拉第电磁感应定律说："闭合电路的一部分导体在磁场里做切割磁感线的运动时，导体中就会产生电流，称为感应电流。"我们日常用电，无论是通过水力发电、火力发电、风力发电还是核能发电，利用的都是电磁感应的发电原理。所以如果要自制发电设备，用这种原理制作的话性价比最高：找一块强力磁铁，让线圈在磁场中转动，不断地"切割磁感线"来发电。现在市面上也有"手摇式发电机"出售，可以买回来锻炼身体，但想借此省电费的话还是算了吧，毕竟功率远不够大多数家用电器使用。自发电的夜跑灯、手握式自发电手电筒等这些让人手动发电的小玩具，利用的也是电磁感应原理，就是让导线线圈和永磁体发生相对运动产生电流。

"摩擦起电"是小学自然课上就学习过的"电学启蒙课程"。用丝绸摩擦玻璃棒或者用毛皮摩擦橡胶棒，会发现它们摩擦过之后具有吸引轻小物体（碎纸屑）的特性。实际上摩擦起电的过程是电子由一个物体转移到另一个物体上的过程，一般随便找两个物体摩擦都会发生电荷的转移，不过很多情况下，转移的电子马上就会跑掉，所以现象不明显。生活中的"静电"一般也是摩擦导致的，电压通常比较高，但因为电量很小，所以基本不会造成人的损伤。

"摩擦起电"虽然很常见，但产生的电量很小，我们很难利用这种方式来发电，很可能电没发出来多少，却当场实现了"钻木取火"。不过，目前有科学家正在研究制造一些特殊材料，让摩擦发电能够产生更多的电能，期望将来可以把人们走路、运动等过程中摩擦出的电都利用起来，为我们身上低功耗的可穿戴设备供电。

如果你真想自己发电，可以先考虑"电磁感应"方法。要是怕累的话，就还是做个水果电池吧。不过个人认为，这么好的水果，不吃真是浪费了。

03
深度访谈：
谁才是我们快乐的"源泉"

　　或许曾经有人请你喝过这样的心灵鸡汤："快乐不是建立在物质基础上的"，但心理学家会告诉你，快乐真的是建立在物质基础上的。所谓的"物质基础"主要有三种：多巴胺、内啡肽和血清素。

　　人体是一个化学反应的大熔炉，我们的生命依靠化学反应来维持，人体的各种情绪和感觉也要凭借物理和化学过程来完成，而人之所以能感觉到快乐和兴奋，也是一些"物质"在起作用。

◎ 令人兴奋的"多巴胺"

这三种物质中名气最大的要数"多巴胺",它之所以是"大咖",不仅因为它的相关研究获得了 2000 年诺贝尔生理学或医学奖,还因为它是产生兴奋快感的物质基础。

多巴胺英文简称为 DA,它和内啡肽以及血清素都属于"神经递质"。如果您还记得中学生物课的知识,对"神经递质"这个名词应该并不陌生。我们的神经组织和其他组织一样,也是由细胞组成的,组成神经的细胞叫作"神经元"。这

种细胞相对特殊，分化比较"另类"，会伸出一条叫作"轴突"的"大尾巴"，外面的绝缘髓鞘或者神经膜包裹着它，这就是所谓的"神经纤维"。这个神经纤维就像导线一样，通过"电"来传递神经被刺激的兴奋。这种"导线"的长度短则几微米，长则一米。神经的传输通常需要多根"导线"连接在一起，把这种兴奋从一根"导线"传到下一根"导线"上，它们之间的连接接口叫作"突触"。但毕竟神经元不是导线，不能用电烙铁和焊锡来连接，神经元之间也不是直接的"电学连接"，它们之间通过"突触"结构来传递兴奋信息，要借助到的物质就是"神经递质"。

神经递质包括很多种物质，像乙酰胆碱、单胺类、多肽类、氨基酸，等等，多巴胺属于"单胺类"物质。不同的物质影响我们不同的感觉。

很多人说多巴胺传递的是"快乐""开心"，但更准确的说法应该是传递了"兴奋"。兴奋的时候可能开心，也可能不那么开心，但是很刺激，会想要"再来一次"。因此，多巴胺会产生副作用，也就是上瘾，就像你遇到某个人特别开心的话，就还想再见面，也正是关于这种"上瘾"的研究被授予了诺贝尔奖。

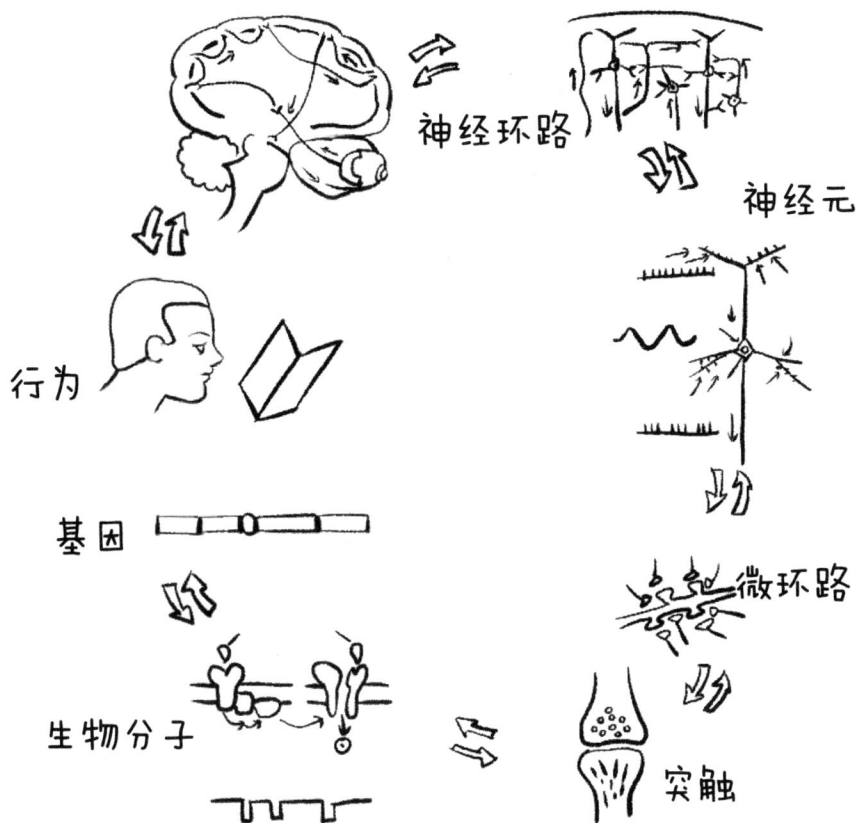

神经环路

神经元

行为

基因

生物分子

微环路

突触

有的"上瘾"是因为摄入的外界物质（比如烟草）直接刺激了我们，让我们产生了多巴胺，也就有了快感。而有了让我们产生多巴胺的"外来作用"，我们自身的生理系统就会习惯性地减少多巴胺的"产量"，所以当"外来作用"消失的时候，我们就会感觉特别难受。

我们对一些活动的"瘾"源于大脑中被称为"奖赏回路"的神经网络，这个回路包括很多部分，分别处理和"奖赏"相关的问题。当你"期待奖赏"的时候，身体就会在这个回路的作用下产生多巴胺，这又被称为"多巴胺奖赏回路"。比如人们打游戏的时候会很期待"胜利"，其实在"期待"的时候就已经产生了多巴胺（不用等到获胜），给了你精神上的奖赏——兴奋的刺激感。但这种"快感"消失得很快，所以你会希望重复这一步骤，再次得到刺激。当你发现打游戏或者刷朋友圈并没有那么有趣，却还是忍不住去玩、去刷的时候，就是因为虽然这种活动本身的奖赏没那么有趣，但你在"期待奖赏"的过程中产生了多巴胺，让你很爽，所以会想再来一次。就像"购物狂"买东西，可能买回来后就不怎么喜欢了，但是买的过程特别爽，也是同样的道理。

当然，"期待奖赏"之后并不都会失望，有时候"奖赏"

会比预期的多，比如在朋友圈看到了特别有趣的内容、游戏大获全胜，就会产生更多的多巴胺，也就更加促使我们重复同样的行为。

不过相比之下，如果你不打游戏，虽然也挺难受，但这种难受只是"得不到想要的刺激"，相对烟瘾发作时的难受程度来说应该好多了，毕竟没有"外来作用"的刺激。

◎ 缓解不适的"内啡肽"

"内啡肽"也是一种神经递质，它与多巴胺类似，也能让人产生愉悦感，但这种愉悦不是"兴奋"，而是类似放松、舒缓、满足的感觉。它最典型的作用，就是缓解疼痛。

说到缓解疼痛，再看"内啡肽"这个名字，这个"啡"字就很容易让人联想起"吗啡"。内啡肽确实和"吗啡"有些相似，效果也和吗啡差不多，它是脑下垂体分泌的一种类吗啡的生物化学合成物激素，通过与吗啡受体的结合产生镇痛效果，所以有人称之为"内源性吗啡"。内啡肽还能通过抑制另一种神经递质来促进多巴胺的分泌，也能够让人产生多巴胺的快感。有时候我们感觉"疼到爽"，就是因为疼痛让我们产生了内啡肽来镇痛，而内啡肽本身和它间接促进产生的多巴胺带来了快感。

"内啡肽"不仅能够缓解疼痛，也能缓解各种"不适"。比如吃辣椒就能刺激神经产生内啡肽来缓解辣，而产生的内啡肽会让你觉得很刺激，就有了"吃辣很爽"的感觉。运动也是一样，运动本身会给我们带来劳累等不适的感觉，但内啡肽产生之后就会觉得很舒服，同时刺激分泌的多巴胺会带来兴奋的快感，运动上瘾就是这个原因。

◎ 防止抑郁的"血清素"

血清素的学名叫作 5- 羟色胺，能给人带来快乐感、幸福感，也能够调节食欲与情绪。可能很多人不熟悉这个名字，其作用看起来也没什么特别的，但如果缺乏血清素，可能就会直接导致我们经常听说的一种疾病——"抑郁症"。而压力大、缺乏睡眠、营养不良等原因都可能造成血清素缺乏，所以这些因素也可能导致抑郁症。如果真是营养不良导致的血清素缺乏，可以多吃大豆、鸡蛋等蛋白质含量较高的食物，里面都含有较多的色氨酸，能够合成血清素。而如果压力过大，血清素减少，会让人食欲大增，"化悲痛为饭量"会导致我们越来越胖，非常不利于健康。

如果一个人缺乏锻炼也可能会造成血清素的缺乏。而锻炼身体可以让我们产生内啡肽、刺激产生多巴胺，其实是一个缓解心情、带来快乐的好方法。

04
用什么杯子喝水最安全

我们会发现，乘坐飞机的时候，盛热饮和盛冷饮的一次性杯子是不同的。盛热饮的是白色塑料杯，比较软，而盛冷饮的是透明杯子，相对来说比较硬。很明显，两者不是同种材质。这说明，透明的饮料杯是怕热水烫的，所以只用于装冷水。同时也说明，盛热水的白色塑料杯或许成本比较高，所以冷水就不用它装了。飞机上喝冷水和热水都要用不同的杯子，那我们平时盛水和食品也有各种各样的容器，使用的时候是否也需要有所区分？究竟用哪种比较好呢？

◎ 容器的前世今生

从远古时代开始，人类就开始制作各种各样的容器，其中绝大多数容器的名称写出来都是生僻字：尊、壶、爵、角、觥、瓠、彝、卣、罍、瓿、杯、卮、缶、豆、斝、盉、斗、盏、盅、匜、簋、簠、盨、鬲，等等。如果你在博物馆或者图册里看到过它们的真容，就会发现有些容器的外貌比它们的名称还生僻，不仅形状上稀奇古怪，平底、圈足或高足，上面的雕刻和花纹也很烦琐复杂。相比之下，现在的各种杯子和锅碗瓢盆的风格就很简约。

当然了，以前的容器是没有"品牌"的，不会有"××良品"的 Logo，更不像现在的包，只要是高端品牌，价位摆在那里，就让人感觉档次似乎一下就上来了。而当时不行啊，

你选谁？

尊贵华丽的觥　　　　　素雅简约的杯子

或许通过特殊的设计雕刻和精美做工是一种彰显气质的手段吧，也是当时文化的体现。如果你发现旧的陶瓷器皿上有个小猪佩奇的图案的话，那肯定就不是出土文物了。

我国古代虽然有很多金属容器，但更有特色的是陶瓷容器，到现在仍然在广泛使用。我们现在的碗、茶杯等大多是陶瓷，在商场里卖相也都比较好，因为陶瓷容器看起来比较清晰，特别是彩色的陶瓷更加惹人喜欢，而陶瓷本身耐高温，有一定的保温作用。但如果是内壁有彩色的陶瓷就要小心了，因为釉彩里可能含有重金属。特别是摸起来感觉釉彩图案有凸起的、甚至用手指甲还能抠下来的，这种属于"釉上彩"，相对来说更不安全。说这些，并不是让你把里面的釉上彩全都抠下来检验一番，而是说如果使用陶瓷杯子，最好选择内表面没有彩色的。

还有一种杯子用的材料是"搪瓷"，它和"陶瓷"是完全不同的东西。一般来说搪瓷杯子是比较安全的，但是如果表面的瓷釉层有破损的话就不要再用了，有害物质可能会释放出来。如果你觉得扔掉可惜，当成痰盂或者零钱罐使用也是可以的。

◎ 五花八门的塑料制品

所谓的"塑料"其实是一个比较大的概念，指的是通过聚合反应形成的高分子化合物，所以一般都姓"聚"，比如"聚乙烯"，就是乙烯单体通过聚合反应形成的。有些塑料还有"小名"，比如"聚甲基丙烯酸甲酯"的"小名"就叫"有机玻璃"。

用塑料制品盛水或食物安全吗？既然塑料是个大概念，就不能一概而论。我在飞机上喝完茶和橙汁之后，仔细看杯子底部，发现两个杯子的底部都有一个三角符号的标志。不同的是，盛热水的白色杯子三角符号中间写着"5"，而透明杯子底部的三角符号中间写着"6"。

1988 年，美国塑料工业协会制定塑料回收标志，把塑料分成了七个种类：1 号代表 PET（聚对苯二甲酸乙二醇脂），2 号代表 HDPE（高密度聚乙烯），3 号代表 PVC（聚氯乙烯），4 号代表 LDPE（低密度聚乙烯），5 号代表 PP（聚丙烯），6 号代表 PS（聚苯乙烯），7 号代表其他。

三角标志上面加箭头是表示可回收循环利用的意思，所以这是回收塑料的标志，也就是说这本来是为了告诉我们这种塑

PET　　HDPE　　PVC　　LDPE　　PP　　PS　　OTHER

料应该怎么"扔"，但同时我们可以根据这个标志来判断这种塑料可以怎么"用"：

在常见的塑料制品材料中，只有标号为 5 的聚乙烯（PP）杯是可以放入微波炉加热的，但也要注意，它在水煮的温度下不会产生有害物质，油炸的温度可就不一定能扛得住了。所以飞机上用这种材料的塑料杯装热水是没有问题的。

标号为 1 的 PET 材料一般被用来制作矿泉水瓶，而透明航空杯用的 6 号 PS 则经常被用来制作一次性快餐餐具，二者都不能装热水，也不建议重复使用。

其实标有这个三角回收符号的容器通常都是一次性的，所以才要回收，可以回炉重造"循环利用"，但不太建议"重复利用"。按照我国的标准，塑料制品除了需要标上序号表明材质以外，可重复使用的塑料制品也要有可重复使用的标志（向左、向右各一个箭头），而且包装食品的塑料上面要有"食品用"的字样。

实际上，无论什么样的塑料杯子，长期使用都不太好。虽然还没有相关实验证明人体内发现的"微塑料"的危害，但仍然值得人们关注和重视。

◎ 不锈钢与"玻璃心"

不锈钢之所以"不锈"，是因为其掺杂了其他元素，不同的掺杂成分、比例以及加工工艺所产出的不锈钢，特性也有所不同，因此可以分为不同种类，比如马氏体钢（410、420、440C系列）、奥氏体钢（200系列、300系列）、铁素体钢（430和446系列）。我们经常听说的"304"不锈钢是其中比较耐腐蚀的一种，更高端的还有"316"不锈钢。但无论它们本身多高端，都必须是"食品级不锈钢"才行，所谓食品级不锈钢，指的不是这种钢能吃，而是说其含铅量低，符合我国《食品安全国家标准不锈钢制品（GB9684-2011）》。符合标准的不锈钢都会标注"食品接触用"，如果没标注，即使是"304"不锈钢制作餐具也不一定安全。

其实，无论是陶瓷、塑料、不锈钢还是玻璃，如果用于食品接触，都必须要符合我国的相关食品安全标准要求。

日常生活中，玻璃杯或许更为人们常用，但是它有个很大的问题，就是装热水的时候有可能会炸裂，因为玻璃的导热性不好，装入热水时，玻璃内壁受热膨胀，而外壁还"没热乎"，更来不及膨胀，就被内壁向外的力"挤爆了"。所以装热水之前最好让玻璃杯有个适应的过程，"温水煮玻璃杯"，先让玻璃杯"热热身"，倒一点温水预热一下，不要直接倒入温度过高的热水。不过，如今大多数符合标准的玻璃杯已经没那么容易炸裂了。

有人说玻璃杯"躲得了初一，躲不过十五"，即使不炸裂，保不齐哪天掉在地上也就碎了，陶瓷制品也有被摔碎的风险，于是就有人开始用钢化玻璃来做杯子，更准确的说法，是把玻璃杯进行了钢化处理。

钢化玻璃杯相对来说不容易摔碎，是因为钢化玻璃本身存在着应力，受到外力时，这种预应力会首先将外力抵消掉，因此钢化玻璃杯承载外力的能力更强。就像我们绷紧肌肉后不容易被外来的力量伤害到一样。但我个人非常不建议大家使用钢

化玻璃杯，因为钢化玻璃有一个可怕的固有特性——自爆，也就是说，它可能在没有直接外力的作用下自己炸裂。自爆的发生和玻璃里面的缺陷、硫化物颗粒、应力分布不均匀等因素都有关系，并不一定是产品不合格，合格的钢化玻璃产品也是有自爆率的。目前在技术上只能尽可能降低自爆的概率，很难完全避免。

试想，如果喝水的时候杯子在嘴边突然自爆了，会是多么惨烈的场面……

05
智齿到底要不要拔掉

"你为什么要拔智齿啊？"

"少颗牙可以减重嘛！"

关于"智齿到底要不要拔"这个问题，流传着很多说法。有个朋友听说"拔智齿可以瘦脸"就准备去拔；去的路上又听说"拔智齿会变笨"，然后就回来了。不过，我感觉她没去拔智齿更主要的原因是怕疼。

其实很多人在拔智齿的问题上都会纠结：智齿长出来就要被拔掉吗？智齿真的就没用吗？

◎ 智齿是何方神圣

牙齿是人身体上最坚硬的部位，不同的人牙齿的含钙量与

有道理！

硬度都不同。如果换牙阶段缺钙，就会影响长大之后牙齿的坚硬、耐腐蚀程度。牙齿有多硬？显然没有金刚石硬，不过和玉石的硬度可能相近。如果用莫氏硬度来衡量，金刚石的硬度是10，而牙齿表面珐琅质的硬度是 5 ～ 7，通常比钢铁更硬。当然，牙齿是否结实，不仅要看硬度，还要看牙齿和牙槽骨的连接，也就是"是否容易掉"，能有多大的咬合力。据牙科医生说，人的"磨牙"（就是我们常说的"大牙"）一般能承受 60kg 的咬合力。

牙齿的作用不用说大家也知道，它们不仅是帮助我们品尝美味的工具，还能辅助我们发音和说话。吃饭的时候，不同的牙齿就好像不同的"厨具"，有的负责"切"，有的负责"磨"，有的负责"砸"。

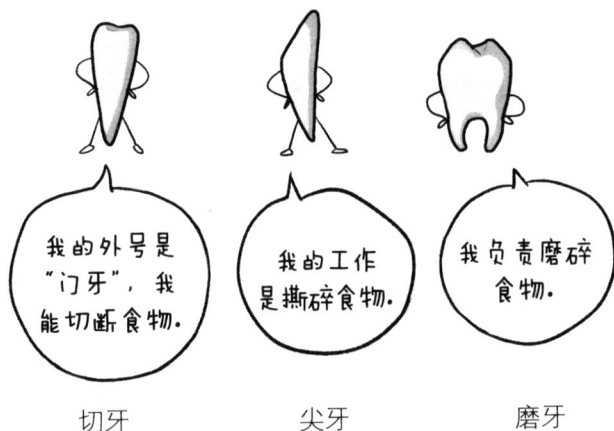

哺乳动物的牙齿是由软骨鱼的"盾鳞"演化而来，而"智齿"则是人类特有的，指的是人类牙槽骨上最里面的第三颗磨牙，也就是从正中间往里数第八颗牙。在人类茹毛饮血的时代，吃饭是一件"体力活"，现在我们觉得没煮熟、嚼不烂的肉质在那时候都不是问题，但牙也并不是"金刚不坏之身"，经常用很大的咬合力吃东西会比较费牙，所以到了一定年龄，就会再长出新牙，以弥补牙齿的损坏。

但是在进化的过程中，人类吃的东西越来越精细，吃东西不再需要那么大"功耗"，根据有的生物学理论，不用的牙齿就会逐渐"退化"，颌骨也就逐渐变小了（参见大猩猩的下巴大小）。这让我们口腔变成"小户型"，32颗牙"合租"已经挤不下了。而智齿又长得晚，其他牙齿本来都有了自己的固定床位，智齿一来，还得再挤一张床进来。

因为智齿一般在会18～20岁开始长，正是人的心智成熟时期，所以又被称为"立事牙"。当然，也有人的智齿长得稍早一些，或者稍晚一些，还有的人甚至四五十岁才长智齿。也有人终生不长，这也就不用拔了。

◎ 拔还是不拔，这是一个不需要思考的问题

每次遇到说"拔智齿会变笨""拔智齿脸会变小"的人，我就会笑着问他们："我拔过智齿，你觉得我脸小吗？你觉得我笨吗？"

看封面，
有图有真相.

人脸的形状主要由颌骨支撑，而智齿是在颌骨成型之后长出来的，也没有长在颌骨外面。也就是说，拔了之后房间里面租户少了，但房子并没有变小。如果是租户少了房间就变小

了的话，那岂不是还装不下，得再继续拔第二磨牙？是不是把牙都拔了脸就尖了？不过从另一个角度来说，拔智齿确实可以瘦脸，因为刚拔过智齿之后暂没法大吃大喝，不仅瘦脸，还瘦身呢。

另外，拔智齿并不会变笨，不会损伤脑神经（除非严重感染引发了颅内炎症），拔智齿时断裂的是牙髓神经，而不是把脑神经拔掉一块儿。你听说过有谁用牙思考吗？都说"牙好，胃口就好"，从来没人说"牙好，学习就好"。

还有人说，多一颗牙能用还不好吗？长得好好的干吗要拔？是啊，长得好好的干吗要拔？长得好好的当然不拔！问题在于智齿"长得好好的"情况并不常见，而且口腔空间不够，挤啊！

对很多人来说，上牙的两颗智齿是可以比较好地长出来的，我就是这样。但下牙的智齿拔了之后，对应的上牙的智齿留着也没用了，而且因为没有咬合功能，可能会一直长，就容易剐到旁边的肉。反正留着没用反而祸害，不拔干什么？

但如果你的智齿长得"天庭饱满，地阁方圆"，没什么问题并且能起到正常的作用，那当然不用拔！不是长了智齿就要拔，而是多数人的智齿都存在问题，所以才会经常听到身边的人被医生建议"拔智齿"。

◎ 拔智齿的正确姿势

拔智齿到底疼不疼？以我的亲身经历来说，如果找技术比较好的医生并且使用比较好的设备的话，基本不疼。虽然我是阻生智齿，拔除比较麻烦，需要把牙龈切开再把里面的阻生牙切成片，再一片一片地取出来，但现在的麻药效果都不错，切开的方式也比较温和，所以通常不会特别痛苦。

我有几位同学拔智齿的时候很疼，一是麻醉的效果可能不够好，因为麻醉的目标点其实看不见摸不着，体表标记也不是那么清楚，所以麻醉的效果可能不稳定；二是由于一些病人的特殊情况，仍然需要通过"手工凿"的方式来把智齿弄碎（让我想起了房屋装修），震得脑袋都难受，比较痛苦。

拔过智齿之后就要吃清淡流食了，不能吃硬的。这是自然，你自己也肯定知道"甩开腮帮子，颠起后槽牙"会疼。吃点脆骨？来顿重庆火锅？即使免费估计你也不会去。

其实拔智齿之后一般不用吃止痛药和消炎药，像我就没有吃，也基本没有什么疼痛，当然肯定有点不太一样的感觉，不是那么舒服。特别要注意的是拔牙之后的 24 小时之内不要刷牙漱口，因为拔智齿之后伤口会被凝结的血块覆盖住，这个血块很重要，有它挡在伤口表面，细菌就不容易侵入牙槽骨。也不要用吸管吸食，在吸食的过程中，血块容易被吸出来。

如果细菌感染了牙槽骨，就会引起"干槽症"，也就是牙槽骨发炎，那会让人觉得疼痛难忍。如果拔牙后三天左右感觉到比较剧烈的疼痛，就要赶快去医院看看是不是干槽症了。

　　就治牙来说，多数情况是治疗越晚，花的钱就越多。是否拔智齿应该找医生来鉴别。一位著名的牙科医生告诉我，他做科学传播的一大愿望，就是让人们能够相信医生的话，而不是舍弃医生去相信邻居，毕竟医生才是专业人士。

　　看牙要找水平合格的医生来看，毕竟很多情况下治牙都属于不可逆过程，如果判断操作不当，是难以"撤销"的。凡事有风险，拔智齿也不例外，但即使有风险也不应因噎废食。

CHAPTER

04

好奇心与猫
都会有的

01
如何科学地把声音甩在身后

我小时候上课，经常趁老师转过身写板书的时候在下面偷偷说话，但每次都会被老师通过声音"识别"出来。确实，声音可以为我们传递很多信息，《红楼梦》里的王熙凤被称为"未见其面，先闻其声"，而评书里也常说"大将军眼观六路，耳听八面风"。其实无论是评书、相声、脱口秀，还是音乐、演讲、诗朗诵，都是通过声音给我们带来乐趣的。

◎ 如果你在月球上大喊会发生什么

似乎没有人不知道声音是由"振动"产生的。振动会对附近空气产生轻微的压力，"推动"附近的空气分子，带着它们"一起动"，而这些空气分子又推动后面的空气分子随着自己动，这种变化最终触动了人耳朵中的神经，让人们听见声音。

发声体的振动在介质中的传播叫作声波，我们经常听到的声音是在空气中传播的，而像"铁道游击队"那样把耳朵贴在铁轨上，则是获取以铁轨为介质传播的声音。没有传播媒介，就没有相应的分子或者原子被"带动"，声音就无法传播。所以如果你登上月球后大喊"月球，我来啦"，别人也听不见，声音是无法传出你的宇航服的（不穿也不行），因为外面没有空气，无法传声。不过，也有研究发现了声音在真空中传播的现象，感兴趣的读者可以去研究一下"卡西米尔效应"。

<figure>
救命啊！我恐高！

我也觉得这里风景很美！
</figure>

当我们听到声音的时候，通常能判断出声音是从哪里来的。当背后有人喊你的时候，你会回头看，而不会往天上看；而当左边有人喊你的时候，你也不会往右边看。我们判断声音发出的位置，利用的是"双耳效应"。因为我们有两个耳朵，如果声源在左边，左耳就会先听到，右耳后听到，左耳的声音也会比右耳大。根据音量差、时间差、音色差，等等，人脑就可以自动判断出声源在什么地方。

我们看电影的时候，所谓的立体声就归功于"双耳效应"。如果只有一个扬声器，声音是没法"立体"的。不过如果同时用左右两台录音机，当声源出现在偏右的位置，右侧的录音机就会先录到声音并且比左侧的录音机录到的音量偏大，而播放的时候也用左右两个扬声器，这样右边的扬声器就会稍微提前发出声音并且音量偏大，人的右耳就会提前一点听到声音并且感觉音量偏大，根据"双耳效应"，我们就会自动认定是一个偏右的声源在发声。而很多时候电影可能会用多个声道录音和播放，更加真实地还原声音位置。

◎ 你相信甩鞭子的速度能超音速吗

声音在空气中传播的速度是 340 m/s，在固体中的传声速度会更快。而人类造出的很多飞行器都已经超过了声音在空气中传播的速度，比如超音速飞机。然而超音速并不是"使劲加速"就能超的，其间存在着"音障"。其实声音在空气中传播的速度也就是空气的振动传播速度，是空气被扰动后的"让路"的速度。飞机要往前飞，就要"挤走"本来在前面的空气，所以当飞机接近音速的时候，空气来不及让路，被紧紧挤压，空气分子之间互相"踩踏"，形成"激波面"，就好像是一堵"气墙"。这时候飞机会面对很大的阻力，早期的飞机在试图超越音速的过程中会发生事故，所以声速在当时被认为是无法超越的速度，被称为"音障"。后来经过研究和设计，飞行器成功突破了音障，在突破的过程中会发出巨大的响声，这就是"音爆"。空气被挤压的过程中，水蒸气会液化成小水滴，看起来就像云一样，被称为"音爆云"，音爆云持续的时间很短，只有几秒钟。如果你观看火箭的发射，可能会看到音爆云的现象。

其实，"音爆"离我们很近。我们看有的古装电视剧中，皇上上朝前会有人"甩鞭子"，民间也有一种运动叫"响鞭"（有时候真怕万一断了，甩到自己）。鞭子没有什么特殊的装置，只要找到了合适的甩鞭子的方法，鞭子的末梢速度就会特别快，从而产生"音爆"现象。

　　既然甩鞭子的声音都这么大，那么像飞机那么大的物体，产生的音爆声是不是会更大？的确，很多时候飞机的音爆声传回地面会被误认为是爆炸，甚至会震碎玻璃，之前的"协和式"超音速客机被"取缔"，原因就是太扰民了，现在一般也只有战斗机会超音速飞行。这么响的"音爆"，为什么飞行员会安然无恙呢？因为他自己是听不见音爆的。飞行员处于一个压强相对稳定的环境，因为飞机挤压的是外部的空气，所以内部不会"爆"，也不会受扰动影响。而在外界发生音爆之后，这个声音已经追不上飞行员了，毕竟人家可是超音速。

◎ 超声波是什么波

　　声音的音调是由频率决定的。比如我们听的音乐，do 和 re 就是由不同的频率决定的。有一部分人是具有"绝对音感"的（比如我），听一个声音就知道是哪个音高，不需要参考。

敲杯子的声音、吹风的声音都能听出来是 do 还是升 fa，刷牙的时候也能听出来每一下是什么音调，甚至有时候刷一次牙都能利用嘴型变化来"刷"出一首曲子。

然而即使是有绝对音感的人，也并不是所有频率的声音都能听出来的，因为人耳能听到的频率范围是有限的。频率高于 20000 Hz 的声音被称为"超声波"，我们是听不见的。

超声波的频率高、波长短，具有传播方向性好、传播能力强的特点，我们可以利用超声波的这个特点探测特殊区域。比如，海水里面没法用电磁波来探测，人们就模仿蝙蝠，通过"声呐"发出超声波并接收反射波，计算分析出前面有什么东西。在医院做的"B超"也利用了这个原理，通过超声波的反射、折射以及被内脏的吸收和衰减程度来判断内脏的情况。"B超"中"B"的意思是"brightness"，根据亮度模式来诊断病情。既然有 B 超，那有没有 A 超呢？是有的，只不过在逐渐被 B 超取代，但在某些情况（比如测角膜厚度）下还是会使用 A 超。A 超的 A 是"amplitude"的缩写，指的是根据振幅来判断。只有振幅这么一个简单的判断信息，效果显然有限。而现在获取更多的信息的方式是采用多普勒彩超（D 超），根据多普勒效应的原理探测脏器的活动情况，信息会更多。

除了可以利用超声波在传播上的特性，还可以利用其振动上的特性。超声波振动的频率越高，能量越大。像北京这种比较干燥的地区，人们经常使用的超声加湿器，就是通过超声把水"震碎"成小水滴。

去眼镜店的时候，如有需要，店员帮你洗眼镜时利用的也是"超声"——超声振动让液体中形成微泡，相当于把液体撕出一个空洞（被称为"空化作用"），空洞再破裂，剧烈的相互作用把脏东西"折腾下来"。其实，我们也可以自己从网上买个超声探头，放在小水盆里，就能够自己用超声洗眼镜了。医院的洗牙设备也是应用了类似原理的"超声清洗"。

◎ 次声波与《碧海潮生曲》

除了超声波之外，振动频率小于 20 Hz 的"次声波"人们也是听不见的。次声波有一个很大的危害，就是它可能和我们人体内脏的固有频率接近，这样就会发生"共振"。"共振"有点"借力用力"的意思，振幅会越来越大，甚至导致内脏破裂。比如海上风和浪的相互作用，就可能产生次声波，历史上有过不止一次船员全部莫名死去的案例，就是被次声波所"杀害"。

所以，如果《射雕英雄传》里面的黄药师吹的《碧海潮生曲》里面包含着次声波的话，那对手的确承受不了。

02

"嘘寒问暖"是一门学问

小时候有亲戚来家里，给我出了一个难题："你看咱们家里，冬天是 25℃，夏天也是 25℃，可是为什么冬天感觉更冷一些？"这并不是一道脑筋急转弯的问题，而是确有其科学依据。当然，如果你家是在三亚，情况就不是这样了。要想搞清楚这个问题，首先要对温度和热传递有个基本了解。

◎ 做饭的热传递分几步？

我记得刚学物理的时候书里面就讲到，"为什么要有温度？因为人的感觉并不可靠"，里面举了个经典例子，如果你把一只手放入热水中，另一只手放入冷水中，然后再同时将两只手放入温水中，你会一只手觉得热，另一只手觉得冷。水到底是热还是冷？这时就需要用"温度"来进行量化表达，因为"温度是描述物体冷热程度的物理量"。从微观角度来说，一切物质分子都在永不停息地做着无规则的运动，叫作"热运动"，温度表示的就是物体分子热运动的剧烈程度，是物体分子运动平均动能的标志。既然这样，真空没有分子，更没有分子运动，那么真空是不是没有温度呢？实际上真空中的温度表现为环境温度，也代表了一个物体在真空中内部分子运动的平均动能。

有很多科学家对温度都有过研究，所以也就有了不同的温标：摄氏温度、华氏温度、列氏温度、开氏温度。这些温标其实有很大相似之处，都规定了两个温度点，中间再分成若干份。

摄氏温度提出者叫摄尔修斯，他规定"标准大气压下冰水混合物的温度是0℃，水沸腾的温度是100℃，中间分成100等份"，当然现在已经有了更精准的新定义。

华氏温度的提出者叫华伦海特，他比较任性，把他妻子的体温设为100℉（也有人说是96℉），又将氯化铵和冰水的混合物的温度定为0℉。不过后来为了严谨，就把标准大气压下纯水的冰点重新定为 32 ℉，沸点定为 212 ℉，中间分为 180 等份。

华氏温度的好处是比摄氏温度的精度更高。和摄氏温度相比，华氏温度相当于在相同的范围内划分成了更多的"份数"，其表示的温度也就更"精细"，而且在生活范围里一般没有负数，人体的温度就是 100 ℉左右，美国的天气预报一般就是以华氏度为单位。

列氏温度的提出者叫列奥谬尔，他规定标准大气压下水的冰点与沸点分别是 0°Re 和 80°Re，现在德国还在用。

这些温标中，最重要的就是"开氏温度"，也是"开尔文温度"，他规定的零度，是 -273.15℃，叫作"绝对零度"，这个温度下分子的动能为零，没有任何物体能够达到这样的低温，只能无限接近于这个温度。

温度可以来判断"传热"，只要在物体内部或物体间有"温度差"，热能就必然会从高温向低温处传递，而且温差越大，传热相对来说就会越多越快。

传递方式主要有三种：热传导，热对流，热辐射。热传导是"通过物体内部分子、原子和电子的微观振动、位移和相互碰撞而发生能量传递"，传导热量的能力叫作"导热率"，导热率越大，能力越强。而热对流发生在液体或者气体中，通过流动传热，术语叫作"流体中质点发生相对位移而引起的热量传递过程"，一个地方的空气受热上升，其他地方的空气就会补充过来，形成"自动互换模式"，这种情况只能发生在流体之中。而热辐射则是一种不需要任何媒介的"隔空传输"方式，所有物体都在不断地辐射电磁波，波长和温度有关。

在我们的生活中，通常是多种传热方式同时发生、以一种传热方式为主。比如在做饭的过程中，"铁板烧"用的是热传

热传导　　　　　热对流　　　　　热辐射

导，"蒸馒头"主要靠的是热对流，而"烤鸡翅"主要用的是热辐射——显然并不会把炭火块直接放在鸡翅上进行传导加热。

◎ 为什么不要在冬天舔铁栏杆

既然说"人的感觉并不可靠"，就说明温度其实并不能与人的感觉直接对应，但生活中的很多情况还是更注重人的冷热感觉。

人的冷热感受是一种综合因素，是人体热量"产生、输入和输出"的综合结果。比如有时候不吃早餐会觉得冷，但吃过午餐之后马上就觉得热起来了。另外运动也会使人觉得热，这都是由于自身产热的缘故。而我们平时对外界冷热的感觉，一般是"得到热量"会感觉热，而"失去热量"会感觉凉。人们有时候会把感受到的冷暖程度转换成相对应的温度，称之为"体感温度"，而外界对我们体感温度的影响因素主要包括气温、风速和相对湿度。

我们常说的"气温"指的是空气的温度。天气预报中播报的气温是在空气流通、没有太阳直射的情况下，通过离地 1.5 米高的百叶箱里面的温度计测得的。气温对我们体感温度的影

风速也会影响人的体感温度。

响很大，相当于把我们放进了一个恒定温度的大环境里面，人和空气之间通过热传导直接进行热交换，如果外界温度低，人的热量散失得比较多就会感觉冷。

除了气温以外，影响人体感温度的还有"风速"，就人的直观感觉而言，当然是风速越大，体感温度越低。这里面有两个原因：一是空气流动会加速表面水分的蒸发，而蒸发吸收热量；二是因为有"强制对流换热"的效果。"对流换热"和"热对流"的概念不完全一样，"热对流"是热传递的基本方式之一，而"对流换热"指的是固体表面与液体接触时的散热情况，热量通过热传导传到空气中，再通过空气进行对流传热。就像我们电脑上都有个CPU风扇一样，CPU把空气加热，让风将热空气吹走。风大的时候就会有更明显的"强制对流换热"效果。

吹啊吹啊，
我的骄傲……

湿度对体感温度也有很大的影响。如果空气的湿度大，人们往往会觉得更冷了，俗称"湿冷"。然而夏天不一样，空气湿度越大，就越能感觉到热。因为湿度会增大空气的导热系数，所以夏天空气湿润会有更多的热"导进来"，而冬天湿冷就会让更多的热"导出去"。就好像冬天的时候，一块铁和一块木头都放在室外，摸铁的时候会感觉更冷。如果是在东北，冬天"舔铁栏杆"，舌头会被瞬间冻上，而"舔木栏杆"则不会——当然从卫生角度来说，木栏杆也不要去舔。"湿润空气"与"干燥空气"相比，就好像是"铁"和"木头"，一个导热更快，一个导热更慢。另外湿度大的时候体表的水分蒸发速度更慢，很难通过汗的蒸发带走体表热量，所以夏天潮湿会感觉更热，而冬天出汗少，蒸发方面的影响就不大了。

◎ 人为什么会发烧

回到开篇的问题，如果冬天和夏天室内温度都是 25℃，为什么冬天会感觉更冷一些？两者气温一样，在室内也可以都忽略风速的影响，而我家在东北，冬天和夏天都很干燥，并且相比之下冬天更加干燥，对于 25℃的空气温度来说，热量更不容易"传出去"（这一点其实也可以忽略）。那为什么还是冬天感觉更冷呢？有人说，一想到是冬天，一看到窗外的白雪，自然有一股寒气涌上心头。这或许也能算是影响因素之一，但更重要的，是其中涉及一种"远程"热传递方式——热辐射。

虽然冬天的室内空气温度和夏天一样，但墙的温度、窗外的温度不一样，别看冰天雪地是在你房子的外面，其实人家一直在和你进行热量的"隔空传送"。有效的辐射传热是和温差正相关的，或者也可以简单理解为夏天外面辐射给你的热量多，而冬天外面辐射给你的热量少。

所以人体的体温感觉是受多种因素影响的。也曾有人问，运动和发烧同样是产热，为什么发烧时候会觉得更冷呢？有的学说认为，人是恒温动物，具有"体温调定点"，相当于体内自带"恒温"的温度设置。而发烧的时候由于体温调节中枢受到刺激，体温调定点升高，人就会觉得自己体温低，感觉到冷。身体为了应对这种"冷"，就会多产热。其实要我说，总结成一句话就够了："烧糊涂了。"

03

世界上
最让人神魂颠倒的动物

　　如今人们对"电"越来越依赖了，手机、电脑要用电，洗衣、做饭要用电，地铁、高铁更要用电。电也是一种攻击手段，比如警察叔叔对付歹徒用的"电棍"、曾经西方用于执行死刑的"电椅"，还有从科幻小说变为现实的西方警用武器"泰瑟枪"，等等。其实，用电作为攻击手段并不是人类"原创"，早在人类之前，就有动物掌握了这项"绝技"。日本动画片里面有一位叫作"皮卡丘"的著名角色，它具有"十万伏特"的放电技能。而就现实中的动物来看，以放电作为主要攻击手段的主要是鱼类。

◎ 水中的活体高压线

鱼类可以利用河水或海水的导电性，更好地发挥用电攻击的优势。电鳗或许是人们最常听到的能放电的鱼类了，即使没听说过电鳗，至少也听说过"鳗"这个字，因为我们在日式料理中经常吃"烤鳗鱼"。遗憾的是，虽然"电鳗"和"鳗鱼"都带一个"鳗"字，并且从外貌来看两者长得都比较长，但它们两个却是完全不同的物种。从分类学角度来看，可能连近亲都算不上。鳗鱼属于"鳗鲡目"（Anguilliformes），而"电鳗"属于"电鳗目"（Gymnotiformes），两者在分类学上的差距，和人与老虎在分类学上的差距差不多。从学名上来看，电鳗和鳗鱼似乎也毫无关系，鳗鱼的拉丁学名叫"Anguillidae"，电鳗叫"Electrophorus electricus"。只不过在英文里鳗鱼叫"eel"，而电鳗被叫作"electric eel"，所以翻译成中文之后就都带了"鳗"字。

电鳗的捕食方式就是把猎物电晕，然后美餐一顿。电鳗的电有多厉害？能力比较强的电鳗放出的电，能达到几百伏的电压，有新闻报道说电鳗能电死一头牛，或者至少能电晕人和牲畜。日常生活中的电压是 220V，我们从小就知道这个电压很危险，不能用手摸电线。而在很多时候，电鳗放电的电压都比这个还高，难怪电鳗被称为"水中的高压线"。

◎ 高压不一定能伤人

其实，"电压"只是衡量电击伤害的一个侧面，高电压并不一定能电死人，甚至于人可能会毫发无损。比如我们平时会

我不是电母，
我只是个普通大学生罢了。

观察到静电现象，特别是北方的冬天，两个人一起走路，隔一段时间不小心碰一下手就会被互相电到。这种摩擦产生的静电，常常达到了 2000 ～ 3000V，甚至可能达到上万伏。但我们只是疼了一下，并没有受伤。

我们称之为"静电"，是因为它只是一些积累的电荷的瞬间释放，并不是持续的电流。日常生活中，摩擦产生的静电对人的影响并不大，但是却可以击穿芯片。因为芯片的介质层特别薄，哪怕是瞬间的电压，只要足够大就能将芯片击穿。而电击对人的伤害主要并不在于电压，而在于电流的大小和作用的时间。

我们的神经要依靠人体自己产生的电流来"传输"，外来电流会打乱人体正常的"神经控制"，干扰正常的生物电，比如会让人的心脏搏动无法正常进行。另外，电流还有热效应，就好像通了电加热的电水壶、电暖气。人体电阻也比较大，通电过程中会产热造成烧伤。

既然电流是伤害我们的"元凶"，那么为什么平时经常说的都是"电压"呢？因为对我们来说，恒定的电压是比较容易得到和控制的。根据欧姆定律，电压、电流和电阻之间有一定的计算关系（电压 = 电流 × 电阻），所以一般的讨论都会以电压为参考值。电阻是物体的属性，电压确定了，电流也就确定了。比如，我们平时说 36V 安全电压，就是根据人体电阻和安全电流估算出的电压值。

另外，电流对人伤害的大小，也取决于作用时间的长短。我们说静电有几千伏，意思是说在放电的瞬间其电压可达到几千伏，相对应的瞬间电流也比较大。但生活中摩擦产生的静电的电量都很小，即使瞬间的局部电流比较大，也不足以进行"持续攻击"，所产生的能量也不足以对人体造成伤害。不过，并不是静电就一定安全，如果"静电"积累的电荷足够多，也会伤人。比如闪电，就是一种静电放电现象，电荷量很多，瞬间电流极大，释放时间也相对长。

◎ 电鳗的"探测模式"与"打击模式"

电鳗既然要对猎物进行攻击，就要进行具有一定持续性的"电打击"。一般来说电鳗放电的时间可以持续十几秒，每秒能够进行上百次的电脉冲。不过其实放电挺累的，电鳗不会没事电着玩，它一般放电十几秒之后也要休息恢复一下，进行"回血充电"。

感觉身体被掏空·

　　电鳗是如何"发电"的呢？这源于它体内的"发电细胞"。电鳗的主要器官都在身体的前五分之一部分，剩下的五分之四就是专门用于发电的"武器器官"。电鳗产生的也是生物电——通过细胞膜的选择性，形成了离子的浓度差，就有了高电位和低电位，产生电压差。每一个细胞相当于一个"细胞电池"，当然单个细胞形成的电压差比较小，但是几千个细胞形成的电压累计起来，就相当于一个"电池组"，能产生很大的电压。

其实"生物电"是普遍存在的现象，并不是电鳗的"专利"。在生命活动中，组织和细胞经常会发生电位的变化，人的神经兴奋传导、心脏搏动都会利用到人的生物电。只不过电鳗的发电细胞具有特殊的排列方式，能够让电细胞同时激发放电，就具有了这种"电击"能力。

为什么电鳗不会电到自己？

我有特殊的
放电技巧.

有人可能会有疑问，为什么电鳗电不到自己呢？比较主流的解释是说放电的过程中，电鳗自身具有很好的绝缘性。也就是说电鳗自己的电阻大，其他鱼的电阻小，电流倾向于流向电阻小的导体，所以电鳗电不到自己却能电死别的鱼。但这也只能解释电鳗放出来的电为什么不能电到它自己，而它在身体内部产生电流的过程中又为什么不会像电池一样有时候会把自己"烧了"呢？因为这是自身"正常产生"的电流，而不是外来电流的干扰，况且每个细胞产生的电流并不算大，只是累加在一起导致最终比较大，所以电鳗的每个细胞并不怕自己产生的电流，就像我们的神经细胞不会把自己电死一样。

电鳗不仅能够利用"打击模式"捕捉猎物，还能够通过"探测模式"寻找猎物，也就是说它能够发出相对微弱的电流，来感知水中导体的存在。当它感知到猎物后，再切换到"打击模式"，进行高电压放电。

除了电鳗之外，能放电的还有电鳐、电鲇，等等，据说能发电的鱼有几百种，它们发电的原理大同小异，只不过不同的鱼放电用的器官可能不同。一般来说，电鳗的放电能力要强过电鳐，电鳐又要强过电鲇，如果这三种鱼遇到一起，估计还是电鳗占上风。

既然电鳗放电能力这么强，那么能用它给手机充电吗？理论上讲，经过设计和处理之后应该是可以的，毕竟都是电能。但操作起来肯定不简单，对我们来说，随身带一个充电宝比去抓一条电鳗来充电更现实。

电鳗在手，
天下我有！

04
进击的光影

     无论是学历史的文科生还是学考古的理科生，可能都经常用到"据文献记载"这句话，随之阐述一大堆自己的推测分析。至于分析得对还是不对，各学派可能有不同观点。古代的赛马、射箭大比拼等故事也一直停留在传说阶段。但是如果未来的人们想研究一下北京奥运会的话，那就容易多了。这要归功于我们增加了一种记录世界的新方式——影像。

◎ 世界上第一张照片

     照相机能够对客观世界进行图像记录，留住一个个美好的瞬间。古代没有照相机，只能通过"画"来记录，虽然是艺术的体现，但记录的真实性或多或少会有些偏差。比如通缉犯人要"画影图形"，肯定不如根据照片来"按图索骥"容易。

如果把胶片式照相机类比成人眼的话，镜头就相当于眼睛的晶状体，而胶片底板则相当于视网膜。虽然结构上有所相似，但照相机感光的原理和人眼不大一样，人眼是感光细胞把光刺激转换成电流信号传递给大脑，而照相机则是通过化学的方式来感光记录。

最早的照相机是黑白照相机，在它们的镜头里，光只有"强弱"的不同，世界只有"明暗"之分。被公认为照相的起源的方法是"银版照相法"，是法国画家达盖尔发明的，所以也叫"达盖尔照相法"。这个照相法的研究过程其实很漫长，正式公布是在 1839 年，1839 年 8 月 19 日也被定为摄影术发明的纪念日。银版照相用的感光物质是碘化银，在银版（或镀银板）表面形成一层碘化银感光膜，利用"碘化银见光分解"的化学特性，不同强度的光可以在对应的位置发生反应，形成密度不同的银，被称为"潜影"。不过如果只有密度不同的银，人眼是看不到图像的，需要利用汞蒸气与金属银发生作用来形成汞合金的图像，这个过程就是"显影"。之后通过盐水浸泡，让氯化钠和碘化银发生反应，去掉残留的碘化银，图像固定下来，这个过程就被称为"定影"。

其实早在达盖尔之前，尼埃普斯就拍摄出了人类历史上第一张照片，他利用的是沥青在日光下会硬化的特点，不过尼埃普斯没有申请专利，所以就没有被公认为"起源"。可见，"官宣"还是很重要的。而尼埃普斯的这种方法通常需要好几小时甚至好几天的曝光时间，真要是摆这么久的"pose"，还是有挺大难度的。

◎ 感光细胞与彩色相机

其实黑白照相只是"灰度图"，还原的真实度不够，很不过瘾，于是人们就开始不断研究如何进行彩色照相，这个过程中也受到了人眼感知彩色的原理启发。人眼视网膜里有三种"视锥细胞"，分别感知红色、绿色和蓝色，然后再对三种颜色的感觉进行"合成"。黑白照相是对光的强度进行记录、显示，而彩色照相就是对这三种颜色的光的强度分别进行记录，再进行恢复显示。1933 年，柯达公司做出的彩色胶卷就有三个感光层，通过化学反应分别记录三个颜色的光强。在冲洗胶卷的过程中，相纸上会有对特定波长（颜色）的光敏感材料，把每种颜色根据记录的光强依次重现在相纸上，就形成了照片。即使在今天，如果去打印店打印彩色证件照，有时候也能看到照片会被反复打印出来几次才成型，并且每次都会打印出来不同的颜色。

从中可以看出，这种彩色照相利用的是化学原理，并没有用到任何电学原理，所以照相机是不需要用电池的。小时候我家里的照相机确实没有电池，需要手动调整焦距、曝光时间等，只要照相技术好，照出来的照片效果就会特别好，这和用

傻瓜
说的可不是我！！

不用电池没有什么关系。后来出了一种"傻瓜相机"，这里的"傻瓜"的意思是即使照相者不会对焦、调参数也没关系，相机可以自动对焦，这当然就需要放电池了。另外，如果要用闪光灯，也是需要电池的。不过从照相原理上说，"电"并不能给照相带来什么不同的化学反应。

其实除了"傻瓜相机"以外，照相机在镜头、设计等方面都在不断地改善着，改着改着就发生了原理上的改变，让我们进入了"拍照不眨眼，随便挑随便选"的照相时代——数码照相。人们不用花钱买胶卷了，只需要花点电费就够了。

◎ 感谢拜耳滤镜

数码相机不再使用化学反应的方法成像，而是利用"传感器"把光信号转化为电信号，再用数字记录下电信号的强弱（比如用 0 ~ 255 表示，0 是黑，255 是白）。这样每个小单元就对应了一个像素，光线越强转换成的电流就越大，对应的数字也就越大。所以只要知道这些数字，就可以按照规定的方式对图像进行重现。数字是可以随便复制的，而重现的"套路"通常也只是固定的几个。

然而问题来了，目前的传感器本身都是色盲，没法根据波长对光的颜色进行传感，只能知道光是强是弱。如何实现彩色照片呢？曾经有人想通过棱镜把光"拆分"成三种颜色，分别传感，但这样的话一个像素需要三个传感器和一个棱镜，设计和加工的难度都很大，成本也非常高。而我们今天的摄像头成本这么低，是因为一个著名的发明——"拜耳滤镜"。

拜耳是柯达公司的一位研究人员，他发明了一种方法，让每个传感器只感受到滤镜"滤出来"的单色光。不同传感器上面的滤镜有不同的颜色，但每个传感器只能感受到一种颜色。这就好像人眼的感色细胞，一个细胞只感知一种颜色。比如，基本单元是在 2×2 的四个像素里面，第一行的两个像素分别用绿色和蓝色的滤镜，第二行的两个像素则用红色和绿色的滤镜。所以每四个像素一组，里面有一个红色、一个蓝色、两个绿色——因为人眼对绿色更敏感。通过这样四个单元为一组的数据，分别记录不同颜色的光强。不过，这样得到的图像会像"马赛克"一样，所以还要通过软件的计算、处理，才能较好地还原出原来的图像。

鉴于本书条件有限，所以用小草代表绿色，小花代表红色，水滴代表蓝色。拜耳滤镜长这样：

你确定这不是一块桌布吗？

数码相机的成像装置（也就是摄像头），主要包括两种，一种是电荷耦合式器件（Charge-coupled Device），就是我们常说的 CCD 摄像头，它利用半导体的光电效应把光信号转换成电信号，再通过电荷耦合式转换成数字信号。而另一种叫作"互补金属氧化物半导体"传感器，也就是我们常说的 CMOS 摄像头。CMOS 器件原本是电脑 CPU 芯片的核心单元器件，后来有人发现，把半导体光敏二极管引入其中之后，它可以作为感光传感器，其成本远低于 CCD 摄像头。现在摄像头随处可见，因为基本上算是"白菜价"了。在家门口装个简易摄像头，比装个门都便宜。

◎ 为什么看 3D 电影要戴眼镜

照片只能展现静态效果，不够"声情并茂"，于是又出现了电影与电视机，它们都是利用人眼的视觉残留效应，把一张张照片或一帧帧图像展现在人的眼前，形成视觉上的"活动"，同时把录好的声音和画面同步播出。不同的是，电影是把一张张照片像幻灯片一样放映在大屏幕上，而电视是把摄像时记录的光学信息通过电子扫描或者液晶显示的方式重现在显示器上。

随着科技的发展，人们又觉得只能看到一个二维平面"不过瘾"，于是又发明出了立体电影，也就是 3D 电影。立体电影是利用人双眼的视角差，让观众左眼看到左摄像机拍的画面，右眼看到右侧摄像机的画面。看立体电影时需要戴一副特殊的眼镜，左眼的镜片会把右眼能看见的图像"屏蔽掉"，而右眼的镜片也会滤掉左眼能看到的图像。如何滤掉？一种比较常见的方法是利用"偏振片"，比如，让一个镜片只能通过横向振动的光，而另一个镜片只能通过纵向振动的光。也可使用红绿眼镜，即一只眼睛只能看见绿光，另一只眼睛只能看见红光。

不过有时候立体电影过于逼真，有些观众心脏不好，会被一些惊险镜头吓到。想要缓解被惊吓的感觉也很容易，只要把眼镜摘下来，看到重影的影像，就不会觉得真实了。而随着人们对美好生活的追求，裸眼 3D、全息电影、虚拟现实的 VR 技术等也都在研究和发展当中。在将来，我们看电影时可能会拥有更刺激的感官体验。

05
教练，我想学腾云驾雾

现在提到"云"，人们可能会想到一种信息技术手段。所谓的"云共享"就是将软件和硬件资源放在一个大家都可以查看又不一定在我们身边的地方进行共享，感觉就好像存在了天上的云里面，大家"共享一片云彩"。

我们小时候或许会羡慕能够较长时间"悬空"的事物，比如展翅飞翔的雄鹰、飞檐走壁的大侠、腾云驾雾的神仙，也一直很想像神仙一样拥有一朵云来作为"代步工具"。

◎ 云为什么不会掉下来

想让云给我们代步，得先看看云自己是怎么行动的。如果你爬过山，可能会有"隐在云雾中"的经历。云和雾似乎挺像的。确实，云和雾都是空气中水汽凝结成的小水滴或小冰晶，但它们存在的高度不同。在地面上的是雾，在空中的是云。当然，我们从来不说"腾云驾霾"，因为霾是空气中悬浮的烟尘微粒，和云有着本质上的差别。

我们如果爬到山顶的云中，会发现原来云是"只可远观"的。在云里面的感觉并没有那么美好，湿度很大并不舒服，飞机经过云层的时候也会颠簸，这些都不像远望"蓝蓝的天上白云飘"那样可爱。我们看到的白云也并不能像棉花或者棉花糖那样伸手就能抓过来，它们只是悬浮在空中的一大团水汽。

云的形成过程和雾很相近，简单地说，就是地面上的水蒸气蒸发到空气中，上升到高空，"过饱和"之后加上悬浮的凝结核，形成小水滴，叫作"云滴"。通常来说，高度越高，就会越冷，正所谓"高处不胜寒"。我们坐飞机到达一万多米的高空时，外面通常会有零下五十摄氏度。在更冷的高空中，水蒸气可能会凝华成小冰晶，这种小冰晶或者小水滴就组成了云，会将阳光散射到各个方向，看起来就是白白的一团了，从飞机上往下看，有时候还能看见云在地面或者海面上的影子。

我们都知道牛顿的"万有引力定律"，云和砸到牛顿的苹果一样，如果没有其他作用力的话，也是要往下落的，但它下落的速度非常慢，大概一两年才能下落一米，其中的原因就是空气阻力，就像纸片、灰尘落地的速度特别慢一样。我们确实学过"两个铁球同时落地"：轻的物体和重的物体应该同时落地，但这个结果的前提是在忽略空气阻力的情况下。所以你会发现"铁球"和"纸片"并不是同时落地的。铁球和纸片下落的过程中都受到空气阻力，但铁球的"体重"特别大，空气阻力的影响相对来说是可以忽略的。而纸片的"体重"特别小，所以空气阻力对它来说就不是能忽略的了。云里面的"水滴"非常小，也特别轻，就像灰尘一样，能长时间被空气"托着"。如果人站在空中，空气肯定是托不住的，所以就有了"降落伞"，来增大下落时的空气阻力，让人可以慢慢下落。

云下落的速度极慢，比降落伞还要慢得多。它也不会那么顺利地掉下来，因为地面经常会有上升的气流，比如热空气就可能会上升，并且大气的运动本身就是复杂的，高空中可能存在各种方向的气流。云费了半天劲下落个几毫米，气流一来就又被"吹高了"。

所以可以看出，云能够练成"悬浮功"，除了体重优势以外，关键在于"空气阻力"。这和我们在水里走路的感觉有点像。我们在水里走路时会感受到水的阻力特别大、走得很吃力。由于我们的体重较大，空气阻力对我们起到的作用很小，但对于纸片、塑料袋一类的轻小物体就比较明显了。

如果没有空气阻力，云掉下来会把人砸死吗？其实有人算过，如果下雨的时候没有空气阻力，按照重力加速度计算，雨滴落地的速度大概是 200 ～ 300m/s，这个速度和子弹很接近，不过毕竟水比较"软"，和子弹不同，但其威力也不能忽视，

如果没有空气阻力，雨滴也会具有杀伤力。

就像从过高的高度跳水也会摔死、摔伤。所以这种雨滴是可能会把人砸伤的，但会不会砸死，就要看水滴有多大、砸到哪里了。如果是冰雹，危险就更大了。

如果没有空气阻力，云落下来会是什么情况呢？正如前面所说，其实也可以把云看成是高空的雾，简单理解就是密度相对大一些的水汽团。"砸下来"的云就好像打过来的一团高压空气一样，可能会造成一些损伤。

当然，以上这些假设其实都是不成立的，因为只要有空气就必然有阻力，而如果没有空气的话就不会形成云。

◎"天庭 C 位"就是你

为什么有的云看起来很高，有的云看起来很低呢？这是因为云本来就在不同的高度。如果我们要借用工具来"腾云驾雾"，当然要选一朵"豪云"。目前，我国将云的"款式"分为"三族十属二十九类"。我们坐飞机的时候，会感觉自己穿梭在云雾之中，有时候会想，我都经历些了什么？实际上是经历了云的"三族"。飞机起飞之后不久，就会进入"低云族"的云层中，我们常说的"积雨云"就在这个云层中，所以如果下雨

的时候已经穿过了"低云族",那么雨就在我们脚下了。到了
2000 米的高空之后,我们将穿越"中云族",从分类表中可以
看出,中云族的各种云都姓"高"而不姓"中"(见表),而超
过 6000 米的高空,我们就要穿越"高云族"了,高云族反而
不姓"高",都姓"卷"。

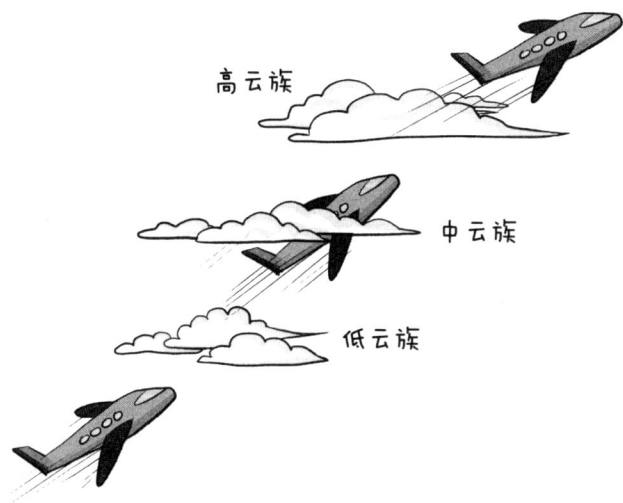

高云族

中云族

低云族

国际上是将云分成"四族"，除了高云族、中云族和低云族外，还有一个"直展云族"。我们坐飞机的时候会依次穿越每一个云族的云，这些云都在大气的"对流层"中，而飞机要飞得更高，飞到万米高空的平流层中，才有利于"平飞"，较少受到"气流"的影响，这个时候云基本上都在我们脚下了。

分类	云底高度	包括的云属
高云族	6000 米以上	卷云，卷积云，卷层云
中云族	2000 ～ 6000 米	高层云，高积云
低云族	2000 米以下	积云，积雨云，雨层云，层云，层积云

如果想搞清楚每一种云是什么样子，最好的办法就是去网上搜索它们的照片。当然，就像我们人一样，照片都经过了"美颜"，和"真云"之间还是有差距的，需要仔细辨认。

06
汽车尾气让我想起莫扎特

　　我一直对中小学课本有很深的感情，因为它们不仅是教材，还是一套"旅游手册"。如果你不知道去哪儿旅游，课本会给你指明方向：苏州园林、中国石拱桥、桂林山水、长城、颐和园、富饶的西沙群岛、美丽的小兴安岭……当然这并不是旅游攻略，每篇文章后面都有生字或者短语，还要分析课文，学习修辞手法。

　　我小时候觉得，"通感"是众多修辞手法中比较"奇葩"的一种，因为它需要你的脑洞比较大。朱自清先生就比较擅长这种手法，"花里带着甜味儿""微风过处，送来缕缕清香，仿佛远处高楼上渺茫的歌声似的"。很显然，这些说法要比直接说"太好闻了"更有文采。其实这种修辞我们平时也常用，比如说形容老板不高兴的时候"脸色冰冷"，其实老板只是看起来冰冷而已，并没有人敢在老板生气的时候真的去摸一下他的脸凉不凉。

◎ 我的耳朵里有味道

上学的时候，曾有同学说："嗅觉怎么能变成听觉呢？这不就是神经错乱吗？"的确，"通感"在心理学上是一种病，叫作"通感症"或者"联觉症"。这种病的症状表征，和把修辞手法里的"好像"去掉之后差不多,因为患者是真的有其他感官方面的感觉。比如,有的人听到美妙的音乐就会闻到花香。还曾经有新闻报道说,英国有位患者听到汽车的声音就会尝到蛋糕的味道,听到不同的名词也会感觉到不同的味道,甚至他想吃什么,只要在脑子里想一下这个食物的名字就能尝到味道。这个"功能"堪称"减肥神器",可以遍尝美味佳肴,却没有摄入一点能量。当然,这也有一定风险,如果有人想恶作剧的话,一直在患者旁边说各种辣椒的名字,或者说说"榴桩鲱鱼",不知道会有什么反应。

啊,好香～

还有人摸到不同的东西就能听到不同的音乐，也有人听到不同音乐就能看到不同的颜色。所谓"通感"或"联觉"指的就是本来一种形式的刺激只能引起其对应通道的感觉，现在却同时引起了另一种通道的感觉。

产生这种联觉的原因，目前还没有定论，但通常认为这是大脑不同区域交叉活动的结果，通俗地说就是"串线了"。而导致"串线"的原因，很可能是基因异变。这种疾病是比较罕见的，不过却不会过多影响正常生活，或许一定程度上还能让你更加愉悦，甚至还可能激发出你在艺术创作、科学研究等方面的灵感。有新闻称有好几位世界著名的画家、作家、歌手、演员等患有"通感症"，还曾经有报道爆料"科学八卦"，说量子电动力学的奠基人、诺贝尔奖获得者理查德·菲利普斯·费曼也是通感症患者。当然，他们究竟是真有通感症，还是像一些综艺节目一样给自身创造一些故事，就不得而知了。而"通感症"和"奇特思维"之间有没有联系，还有待进一步的研究。

◎ 迷人的感官世界

虽然"通感症"会给人带来"别样的体验"，甚至可以让人享受无肥胖风险的"饕餮大餐"，但这种"饕餮大餐"并不能收放自如，不是想吃就吃、不想吃就不吃的，总体来说应该还是弊大于利的。不过人为制造"交叉感知"的方法在医学上却有一定用途：让盲人产生"替代视觉"。

所谓"替代视觉"指的是把盲人的其他知觉"转换"为视觉，这种设备叫作"感觉替代装置"，盲人在经过训练后，不仅可以通过触觉来实现，也可以把人工产生的听觉转换成"替代视觉"。这种触觉感知的方式比较特殊，是通过微电极阵列对皮肤进行多点电刺激，产生"电触觉"，让盲人感觉到一个电刺激的触觉图案，就好像是把摄像头拍到的东西转换成盲文图案之后不断地触碰皮肤，以此了解外面的信息。但如果仅是如此，根本算不上是"替代视觉"，只能算是"高端盲文"。科学家们研究发现，利用这种方法，盲人在经过训练后，不仅仅是触觉区域的活跃。也就是说，盲人并不是"摸"到了外界的信息，而是通过触觉产生了一种类似于视觉的感觉，从而"看到"了信息。

这其中的原理，叫作人脑的"交叉感知可塑性"。人体的各种感觉之间，例如视觉、触觉、听觉、嗅觉，等等，在一定条件下确实是可以相互替代的，感受器对应的中枢神经之间是可以交互使用的（比如"盲人经过训练"就是这里所说的"一定条件"）。对于正常人来说，眼睛接收到的视觉信号会通过大脑的视觉区域进行处理，其他感官的感受器（耳、皮肤等）接收到的信号也是通过大脑的相应区域进行处理的。但盲人视觉区域会因为接受不到信号而形成空白，感知缺失，在经过一定的训练之后，大脑的视觉区域可以被重新组织利用起来，触觉就会把视觉区域激活。

◎ 人人都有"超能力"

我们大多数人通常不具备"通感症"，"通感"也难以人造。但我们现实生活中有很多类似于通感的情况。比如，食物的颜色会影响我们的食欲，因为人们在潜移默化中记住了颜色和味道的"映射关系"，比如看到橙色饮料时的直观感觉就是这是橙子味儿的，头脑中已经出现了味觉印象，并且这可能会影响我们对实际味道的判断。所以，如果牛排看起来发黑，我们吃起来也会觉得味道大打折扣。很多食物看起来颜色诱人，也是因为其颜色能让人联想到某种味道很好的食品。"望梅止渴"就是这个道理。

就像无论什么时候，
我听到都会
心情烦躁。

我们把颜色分为"暖色"和"冷色"，和"联想"也有关系，看到红色会想起火，产生温暖、热烈的感觉，这会影响到

人的整体情绪。而整体情绪会影响到其他感官刺激的效果，就像听同一首音乐，心烦的时候和心情好的时候听到的感受是不一样的。当然，音乐本身也带有"情绪"，音乐的情绪会影响到人的情绪。

这些也属于一种感觉刺激对另一种感觉刺激的影响，但并不是由于"串线"导致的，而是这种刺激影响了人的整体情绪，从而影响到了另外的感觉。而通感症是发生了"交叉激活"，通过医学成像可以检测出大脑的活动区域发生了"交叉"。对一件事情的感受美妙，就容易使得另一件事情的感受也很美妙。这与文学修辞中的"通感"还真的有点像，看来感觉之间确实是"美妙相通"的。

CHAPTER

05

社会人
生活指北

01
每19年公历和农历就会
重合一次吗

可能很多人都听说过，自己生日的公历日期和农历日期每19年就会重合一次。我11岁的时候公历和农历生日就重合了。不相信的读者可以去查一下，我的生日是1988年3月25日（暴露年龄了），这一天农历是二月初八，到了1999年的3月25日，农历也是二月初八。

我11岁的时候还算了一下，如果每19年公历和农历能重合一次的话，我19岁和30岁（11岁之后的19年）就应该都会遇上公历和农历生日重合的情况。然而事实却是，2007年的3月25日农历是二月初七，2018年的3月25日农历是二月初九，都差了一天！于是我又查手机上的日历发现，如果再分别往后推19年的话，2026年和2045年的3月25日农历都是二月初七，直到 2064 年和 2083 年的 3 月 25 日才是二月初八！再往后呢？再往后我手机就查不出来了……

从我的经历可以看出"每 19 年公历和农历日期就重合一次"是不准确的，可是为什么老一辈会这么说呢？因为确实有非常多的人过 19 岁、38 岁生日的时候公历和农历会重合，这显然不是简单的巧合。

◎ 公历与农历的诞生

所谓公历就是阳历，又叫"太阳历"，也被称为"西历""格列历"，是以地球绕太阳公转的运动周期为基础而制定的历法，也就是"看太阳"。和阳历对应的是"阴历"，也叫"太阴历"，该历法的制定主要是"看月亮"，以月亮的月相周期变化为基础。"太阴"指的就是月亮。不过阴历并不是农历，农历也不是阴历和二十四节气的简单叠加。制定农历的历法，需要"太阳月亮一起看"，集"日月之精华"于一身。

农历每个月的日期确实是按照月相的变化来排列的，也就是说，无论"初一"还是"十五"，都是根据月相规定的。当月球运行到地球和太阳之间、与太阳黄经相等的时候就是"初

阳历 阴历

以地球绕太阳一圈为一年 　以月亮绕地球一圈为一个月

一"，也就是"朔日"，后面就顺着排下去。但究竟如何排月份呢？这需要根据太阳的运动来确定。根据我国现行的农历历法，冬至所在的那个农历月是农历十一月。什么是冬至？就是对我国人民来说，一年中太阳最"斜"、日照时间最短的那一天。

为什么冬至所在的月份定为十一月，而不定为一月呢？中国古代有把冬至所在月份定为一月的历法，还有的朝代把现在的农历十二月算作是一月。但从汉代开始的这两千多年来，我们一直都在沿用夏代的历法，冬至所在月份之后的"下下个月"是一月。所以有人把农历叫成"汉历"，也有人称之为

"夏历"。在我们的传统文化中，"过年"和"冬天"总是相关联的，如果我们把正月定成了现在的农历六七月，那过年可就是另一片景象了。

　　然而问题来了，如果今年的十一月和明年的十一月（不含）之间有13个朔日怎么办？那就要把其中一个月定成闰月，那么一年就有13个月了。可到底把哪个月定成闰月呢？会不会选择恐惧啊？于是我们规定"最先出现的一个不包含'中气'的农历月为闰月"。

　　"中气"这个词可能听起来没有"节气"熟悉。所谓"节气"，"节"指的是节令，"气"指的就是中气了。简单理解，二十四节气从立春开始算，奇数位的叫节令，偶数位的叫中气，那么一共就有12个中气。如果有13个月，根据"抽屉原理"，其中必然有至少一个月是没有中气的，那么就把第一个不包含中气的农历月算作闰月，闰的月份和它之前那个月的"号码"相同。比如，如果排在了八月之后，就叫"闰八月"。

　　我们定月份要看"冬至"，定闰月要看"中气"，这些都属于二十四节气，而二十四节气的划分却要"看太阳"。地球绕太阳公转，但从地球的角度来观察太阳，就好像是太阳在转，从春分开始每转15度角就到了下一个节气。

根据抽屉原理，至少有一个篮子里没有苹果。

◎ 十九年七闰的说法是对还是错？

我们经常听说这样一句话"十九年七闰"，但这其实并不是现行历法闰月的制定规则，而是一个大概规律的总结。

从阳历的角度来说，地球公转一圈的时候，其自转的圈数并不是整数，但我们是按照整数来计算日子的，到了年末最后一天，自然就会进入下一年的第一天，不会像足球比赛一样进行"伤停补时"，我们从来没听说过"今年已经进入了补时阶段，再过 5 小时 48 分 46 秒我们就进入下一年了！"，这样就太乱了——如果太阳都快升起来了才算成新一年的零点的话，那么新的一年每天天黑的时间和去年完全不同。所以过日子还是要以"日"为准，首先得保证我们对"昼夜交替"的直观感受。否则本来是早上9点上班，过几年就变成了早上5点上班，听起来就很难受。公历上会通过2月是28天还是29天来调整，可以将之理解成一种"动态平衡"，和时间上引入"闰秒"的原因一样，都是为了保证我们的长期感受不发生太大变化。

昼夜混乱，
我的生物钟也混乱！

　　而农历通过设置闰月来调整月份和太阳年的对应。在天文上，19个太阳年一共有235个朔望月，也就是农历月。而如果每年有12个月的话，那么19年应该只有228个月，所以通常还存在着7个闰月。

　　但是19个太阳年和235个朔望月并不能严丝合缝地对上，严格算下来还差两个多小时，虽然已经很接近了，但如果直接把这19年的农历日历直接照搬过来，每次都差两小时，十几轮之后就会差出一天来。所以我们的现行规则中并没有"十九年七闰"这个规定，也并不是每19年就把之前的日历完全照搬过来，而是按照"是否有13个朔望月""哪个月没有中气"的方式来设置闰月，最后排出来的"总体效果"，就是农历年的每19年和公历年的19年在时间上很接近。

　　公历和农历都是通过不同的方式来进行"动态平衡"调整的，它不像"干支纪年法"是固定的排列方式，并且每60年重复一次（因为"干"和"支"的数量都是整数），所谓"十九年七闰"说的只是大概的规律。

　　所以每19年，公历年和农历年在历法的时间上就会很接近，很可能会遇上公历和农历生日重合的情况，但也只是"接近"而已，有时候差一天也是正常的。

◎ 国家标准日历为您服务

农历是"太阳月亮一起看"的历法，相对来说有点复杂，有可能会出现每个人理解不一样、计算不一样的情况。为了保持一致，我国有统一的标准，比如北京时间由中国科学院国家授时中心发布。而农历日期的制定，则是由中国科学院紫金山天文台历算工作组按照国际标准模型来计算的。2017年，我国制定了中华人民共和国国家标准 GB/T 33661-2017《农历的编算和颁行》。

要注意的一点是，农历的日期和节日，都要以北京时间为准。我有一些在国外定居的同学，正月初一才开始在朋友圈大晒"年夜饭"，其实这是不太符合我国农历节日的"标准规定"的。当然，过节没必要非按照规定的时间，高兴就好。

02
沙子是怎么走上人生巅峰的

生活中，我们觉得很多东西越大越好，比如房子；也有很多东西我们觉得小一些更好，比如手机。现在的手机屏幕通常会做得比较大，但是厚度、重量比二三十年前的"大哥大"要小太多了。我们现在可以"拿着"手机出门，但大哥大给人的感觉好像要"扛着"它出门。"大哥大"功能很单一，基本上只能打电话；当然了，以它那个块头，要用来防身也行。如果当时真要把"大哥大"做得像现在手机，有这么多功能，那就得做得更大，估计得"背着"出门了——不知道的还以为背的是钢琴呢。

最早的计算机也是个庞然大物，有好几层楼那么高，运算的时候需要好多人在里面来回跑来跑去地接线——真是工作健身两不误。现在能把电子产品做得这么小、实现"微型化"，

这里面的科学叫作"微电子学"。那么是怎么实现微型化的呢？其实就是把原来的一大堆东西，变成了一个小小的芯片。

◎ 变形记

对于电脑来说，"芯片"确实像人的"心脏"一样重要，但从功能上看，它其实更像人的大脑。芯片的作用主要有两方面：一方面是运算处理，能像理科生一样算出来很多东西；另一方面是数据存储，能像文科生那样背下来很多东西。芯片真可以说是"文理双全"的"最强大脑"。

　　制造芯片所用的是一种半导体材料，叫作"硅"。它的来源特别广，最主要的来源是沙子，可以说芯片是用沙子"变"来的。当然，把沙子变成芯片靠的不是点石成金，更不是掐诀念咒，而是一套非常复杂的设计和加工过程。

接下来就是见证奇迹的时刻！

芯片的诞生

　　沙子的主要成分是二氧化硅，制造芯片需要把沙子熔化，通过化学反应将其变成硅单质，做成单晶硅的"柱子"，然后像切黄瓜一样把柱子切成硅片。"芯片"就是以这个硅片为基底，通过蒸发、溅射、化学气相淀积等一系列方法在硅片的表面生成出一层薄膜，然后把这一层薄膜刻成我们需要的图形。

所以我们需要的电学器件、电路实际上是通过一层一层膜的图形化来实现的，这个过程是在一个平面上进行加工，叫作"平面加工工艺"。就好像摊煎饼一样，在衬底上先刷一层酱，再刷一层辣椒，再撒葱花，再放薄脆。芯片加工的过程主要就是反复生成薄膜，进行图形化的过程。

芯片图案里面的连线非常细，几纳米或者十几纳米。制作芯片的成本非常高，有时候做一批芯片可能需要花费几亿人民币，但可以一次做很多硅片，每张硅片又可以做成很多个小芯片，平均下来一个芯片可能只要几块钱、几十块钱。为什么要做小？第一是为了微型化，手机需要做小；第二是为了降低成本，做得越小，一次做出来的数量越多，成本就越低。

◎ 什么是半导体

芯片的设计、加工方法、封装测试等方面都需要大量的研究，研究芯片的行业被称为"半导体行业"。有的人一听，会误以为这个行业是制造收音机的，因为用半导体材料制造的收音机曾经很流行。实际上半导体这类材料不仅能用来做收音机，其更大的贡献在于制作芯片。

人们可能对"导体"这个词很熟悉，像铜、铁这种具有较好导电特性的材料就被称为"导体"，而像陶瓷、橡胶这种导电性能极差的材料被称为"绝缘体"。导体之所以能导电，是因为里面包含了大量能够自由移动的"导电粒子"，称为"载流子"。拿金属来说，金属原子的原子核能力有限，而原子最外层的电子特别活泼，原子核"管不住"，就成了"自由电子"。金属包括大量的自由电子，所以能够导电。而陶瓷中的自由电子极少，几乎不能导电。

顾名思义，"半导体"就是导电性能介于"导体"和"绝缘体"之间的材料，可以说是"两边倒"。尤其是掺入一些杂质之后的半导体材料，会有一定的导电性，但却是可以被"操控"的。所以由半导体材料做出来的器件，在某些条件下能够导电，而在另一些条件下不能导电，具有"让你导电你就导电，让你不导电你就不导电"的特点。这样就可以做出来具有"开关"的电子元件，而在电子设备中通常用 1 和 0 这种开关的通断来表示，再用 1 和 0 组成二进制的数字进行运算和存储，表达各种信息，芯片就是利用这样的原理做出来的。

不过，半导体不仅能用来做芯片，还能用来做"炒酸奶"。

单晶硅   玻璃

◎ 如何自制炒酸奶

　　怎么用半导体做"炒酸奶"？当然不是把半导体材料作为食材，而是作为加工工具。所谓的"炒酸奶"是用一个能够制冷的平底锅，把酸奶倒入锅中，搅和至片状。这个锅之所以能制冷，用的就是"半导体制冷片"，其中的原理叫作"第二热电效应"。

第二热电效应也叫"珀耳帖效应"，这个效应是说把两种不同的导电材料串联在一起，通电之后，两个接头分别出现吸热和放热的现象。我们常用的"半导体制冷片"就是把两种掺杂不同杂质的半导体材料相串联，通电之后一端放热，而另一端吸热制冷，形成"热泵"。

可能有人会说，既然这叫"第二热电效应"，那就肯定有"第一热电效应"呀。确实，第一热电效应又叫"塞贝克效应"，它与第二热电效应的过程正好相反——如果两种导体或者半导体组成一个回路，两端接触点的温度不同（比如把两个

炒酸奶

端头分别放在冷水和热水中），就会产生电流，也会有相应的电压。利用这种现象，就可以把温度信号转化成电信号来测量温度，所谓"温差发电机"利用的就是这个原理。

其实还有"第三热电效应"（也叫"汤姆逊效应"），说的是一个导体或半导体，如果两端有温差并且有电流通过的话，就会吸热或者放热（除了电阻产热以外）。

"炒酸奶"的机器和一些车载冰箱利用的都是"第二热电效应"。其实你从网上买个半导体制冷片，放在平底锅上改造一下，就能自制炒酸奶的机器。要是在半导体制冷片上再加一个塑料泡沫箱子，还能自制一个简易冰箱。

如此说来，手机、沙子和炒酸奶的共同之处就在于，都和半导体材料有着"纠缠不清"的关系。

03
是水珠不是水立方

　　很多人小时候都玩过一种玩具，叫作"水球"，就是把水灌在小气球里面，追着别人"打水仗"。我们很容易就能发现水的形状取决于装它的容器，如果是用"猫爪杯"来装，水就会成为猫爪形状。但我们也发现，在自然的状态下，很多时候水是呈球形或者近似于球形的，就比如荷叶上的水滴和露珠。我有时候会想，如果这些水滴呈"正方体"，像一块块"冰糖"一样停在叶片上，是不是更美呢？水滴为什么不能有三角锥形的、球形的、五角星形的……为什么它们像是"商量好了"，形状都差不多？

　　其实这是因为完全理想状态下的水都是球形的。所谓的完全理想的状态，指的是不受任何外力（包括重力）的作用，想找这种理想的地方，就得远离我们的地球，来到失重的太空。

也就是说，在太空之中，水并不像在地球上一样完全跟随着容器的形状成形。除非受到特殊装置或外力的作用，否则的话，每一滴水、每一"坨"水、每一"堆"水，都是一个球。

◎ 太空中的球形水

在太空的失重条件下，如果不考虑真空状态以及结冰或沸腾的情况（假设在空间站里），水会是标准的球形。并不是像我们看到的水滴、露珠那种近似的球形，而是非常标准的"球"，这是因为保持球形状态的时候使用的能量最低。这里涉及"表面能"的概念。

相信我，
这真的是一坨水，
只不过是在太空中。

物体表面的粒子和内部的粒子所具有的能量是不同的，在水的内部，一个水分子的周围都是其他水分子，它被包围着。液体分子之间是有吸引力的，所以水内部的水分子受到四周的分子吸引力是平衡的，但在水的表面不一样，因为上方不再有水分子，即使上方有空气分子，由于气体密度远小于液体的，来自空气的分子吸引力也可以忽略。所以可以认为水表面的这层分子只受到下面和旁边的水分子吸引，总体效果就是受到一个向内部"拉"的合力。

而水表面的分子由于受到这种拉力，就具有了更高的能量。因为要想让一个分子从液体的内部到达表面，就需要外界给这个分子能量，去抵抗这个"拉"力，所以把物体表面积变大其实是要消耗能量的。我们把水泼在地上，很多时候水是会摊开的，面积会越来越大，这是因为重力在做功，也就是重力给了水能量，让这部分水的表面积越来越大，表面能也就越来越大。

但是太空中并没有重力作用，自然界中的物体又倾向于能量最低的稳定状态，对于水来说，能量最低的状态就是表面积最小、表面分子数量尽可能少的状态。

那么物体在什么状态下表面积最小呢？这个可以用数学上

的微积分计算出来。像液体、橡皮泥这种形状可变的物体，在相同体积的情况下，处于球形的时候表面积是最小的。即使不计算，可能有很多人也早有体会。比如我们玩的"踩气球"游戏就体现了这个原理。气球通常接近于球形，怎么才能让它爆裂呢？就是踩"扁"了。踩下去之后，气球里面的空气体积不变（假设空气体积不被压缩），但空气的形状变了之后表面积就变大了，所以会撑开气球的表面。当气球表面的弹性拉伸到极限就爆裂了。

所以太空中的水都会倾向于表面积最小的能量最低状态，也就是球形。

◎ 为什么虎跑泉可以满而不溢

在地球上，由于水受到重力的作用，我们很难看到大团的"球形水"，说白了就是"被地球吸变形了"。虽然看不见"球形水"，不过它的原理随处可见。比如杭州的"虎跑泉"，就有"满而不溢"的现象；一碗水装满之后再放入几个硬币，水也不会洒出来。要更清楚地解释这个现象，就要先说说"表面张力"。

表面张力和前面说的"表面能"描述的是同一个现象，原理当然也一样，只不过"表面张力"是从"力"的角度来描述的。水表面的分子受到向内的"拉力"作用（内聚力），就好像有一个无形的气球把水装了起来，向中间挤压着水。而这个"气球薄膜"本身也就是水表面的分子层，也会像真的气球那样有"回缩"的趋势，薄膜被"撑"起来，分子互相"拉拽"着。如果从材料内部角度来说，这种拉力叫作"张力"。如果发生在液体的表面，就称为"表面张力"。形象地理解就是，表面张力类似于吹起来的气球"薄膜层内部互相拉拽"的那个力。当然，水表面的张力是非常小的，但是由于在太空中不受重力的影响，其作用就能"发挥"出来，而在地球上，这点力就被重力给"埋没"了。

了解了表面张力，也就可以从另一个角度来理解"真空中的球形水"：表面张力像气球薄膜一样把水挤压在一起。因为太空中没有任何其他外力作用，所以对水来说各个方向是完全相同的，毫无区别。自然就形成了"各个方向都一样的形状"，也就是球形。

我们日常看到的水珠、水滴都不是完全的球形，那是因为它们受到了重力的作用。比如荷叶上的水滴，就是被重力"压扁"的，就像一个充满水的水球被压下去一样。而如果水滴更大，就会显得更"不圆"，比如泼出去一盆水，那形状完全就和"球形"没什么关系。因为物体越小，表面积和体积的比例就越大。重力的大小和液体的体积成正比，而表面张力的作用主要取决于表面积大小。所以当物体小的时候，表面积和体积之比更大，表面张力的效果也就更明显。正因为这样，我们会发现，水滴、水珠越小，受到的重力的影响就越小，看起来就会越圆。

不同的液体表面张力大小不同，如果你不小心把体温计打碎了，会发现地上都是"水银球"，因为水银的表面张力很大，重力的作用效果就很不明显。

而虎跑泉的泉水之所以能满而不溢，就是因为里面含的矿物质比较多，这种水的表面张力就会更大一些，好像有个薄膜包裹着水的表面一样，可以稍微高出碗的边缘，看起来就像装了满满的一碗米饭。普通的水其实也可以"满而不溢"，只是很不明显，而虎跑泉水表面张力更大，相当于"薄膜包裹"的效果更好，也就更容易被观察到。当然，如果你装一杯水银，那"满而不溢"的现象就会更明显了，不过要小心，水银有毒哦。

看到了吗，
就是这样！

◎ 大树为什么会吸水

水的"表面张力"的本质是分子之间的相互作用，一般来说，液体之间的相互吸引力会大于气体对液体分子的吸引。一些固体材料对水的吸引力，有时会大于液体之间的吸引力，这种材料就叫作"亲水材料"，比如玻璃。所以化学实验里的玻璃量筒装水时，液面是凹下去的，因为侧壁上的固体对液体分子的吸引力更大，这也就是"附着力"。

　　但荷叶不一样，荷叶的表面是"超疏水材料"，也就是说荷叶表面对水的吸引力敌不过水自己内部的吸引力。所以水会在荷叶表面上团聚在一起，看起来像个"球"，而在玻璃表面的水，因为被玻璃"吸引"而产生了附着力，经常会形成"小半球"的水珠。

　　还有一个实验，就是在水中插一根很细的玻璃管，不仅会发现玻璃管内的液面是凹下去的，还会发现玻璃管内的水高于外面的液面高度，这其实也是由于分子间的作用力，水被侧壁"吸"上去了，我们称之为"毛细现象"或者"毛细作用"，是液体和固体之间的附着力与液体表面张力的共同作用。参天大树长得那么高，水之所以能够从地下运输到叶片上，其中一个原因，就是植物的茎里面有特别细的毛细管，把水"吸"了上去。而我们平时用餐巾纸或者毛巾吸汗、吸水，也是因为这种毛细作用。

　　其实无论是"球形的水"，还是毛细作用，这些都是微观作用力的宏观表现，给我们带来了自然和生活的奇妙。

04
打开微观世界的大门

　　中国古代神话中有一个神通叫作"千里眼"，能够看到千里之外的物体，可见自古以来，人们对获得信息的渴望就非常强烈。后来，人们发明了望远镜，梦想变成了现实。但只有"千里眼"来"好高骛远"是不够的，还得有"千分眼"来"明察秋毫"，看看小的东西到底是什么样的才行。

◎ 芝麻开门

　　无论是光学望远镜还是光学显微镜，应用的都是透镜的折射原理，从而起到"拉近"或者"放大"的作用。所谓透镜，我们最熟悉的就是生活中的放大镜：中间高、四周低，叫作"凸透镜"；如果镜片的中间低、四周高，就是"凹透镜"。

　　如果透过凹透镜来观察物体，会发现物体变小了，而凸透镜有放大的作用，就被当作"放大镜"了。凹透镜还可以和凸透镜进行组合，通过巧妙的设计让光经过两个透镜的折射，这样就做出了望远镜。我们平时戴的眼镜镜片其实也是透镜，近视眼的矫正镜片是凹透镜，而"老花眼"或者远视眼的眼镜镜片是凸透镜。那散光呢？散光用的是柱面镜，结构更复杂一些，所以有时候配矫正散光的眼镜会比较贵。

　　早在西汉年间，我国就有关于制造"冰透镜"的记载，据说是利用水晶石打磨成透镜用作装饰。不过一般认为眼镜发明于西方，最早出现在 13 世纪的意大利，后来发展成了"商业"，也就是最早的"眼镜店"。

　　当时的人们没有这么多"文化生活"，不像我们现在会看电视、刷手机、为考试，熬夜做题，因此近视的人不多。但"老眼昏花"的人还是不少，所以当时的市场是以"老花镜"为主的。老花镜实际上就是凸透镜、放大镜，后来人们就开始用它来观测小的物体。

　　但放大镜的放大倍数非常有限，基本上就是被老人拿去看报、小孩拿着玩，以及皮肤科医生用来看病的。然而显微镜却能打开微观世界的大门，让我们看到细胞、微生物等奇妙"景观"。现在的光学显微镜通常有"两级放大",一个叫"物镜",一个叫"目镜",光经过显微镜内一定规律的折射之后进入我们的眼睛,我们就会产生"这个东西变大了"的感觉。当然还要有载物台、调校装置、照明装置作为"配套"。

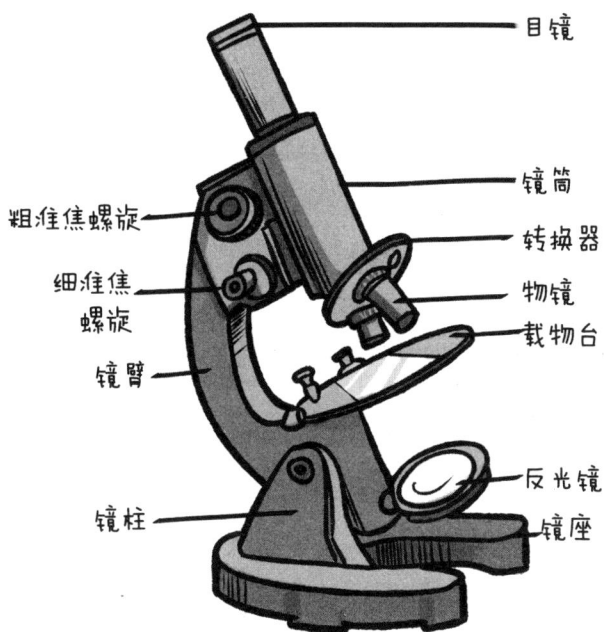

光学显微镜示意图

◎ 显微镜与"两个虎克"

关于显微镜的发明者略有争议，比较多的说法是荷兰的詹森父子在 1590 年搭建出了最早的复式显微镜，进行了多个镜片的"组合放大"，其实这也相当于是最早的"变焦镜头"，然而放大倍数并不大，没能彰显出优势。

后来出现了两个人，他们对显微镜和微生物学有着卓越贡献，被称为"两个虎克"。这两个人并不是父子，也算不上重名，只是名字的发音比较像，一个名字叫"hoek"，是荷兰的列文虎克，另一个是"Hooke"，也就是英国的罗伯特·虎克，现在更多人倾向于翻译成"胡克"而不是"虎克"。不过两个人名字确实有点相近，又处于同一时代，并且都在观察微生物领域有着重要贡献，所以人们就经常将二人并称。

"胡克"这个名字大家应该很熟悉，因为中学都学过计算弹簧弹力大小的"胡克定律"，没错，就是他！这个胡克不仅是微生物学家，同时也研究力学、机械、光学等多个学科。因为当年不像现在"分专业"明确，本来嘛，最开始的科学家就是什么都研究的"跨界斜杠青年"。这个胡克还被我们现在的一些研究专家认为是"历史上第一个科学家"，因为在他之前的科学家都是"兼职"做科研,而胡克是英国皇家学会的联合创始人,后来是靠着科学研究吃饭、拿工资的。

胡克设计了一套比较完整的复式显微镜,不仅带载物台,旁边还有聚光装置可以"打光",基本上具有了现代光学显微镜的结构。有了这个"利器",胡克就开始进行一些观察,有一次他观察一个软木薄片(据说用软木塞来做瓶塞也是胡克的原创),发现了一个个的"小格子",就像小房间一样,于是就

彪悍的人生不在于长度,
而在于宽度。

据说是历史上第一个科学家——罗伯特·胡克

给它起了个名字叫作"cell"（在英文里 cell 是小房间、单间牢房的意思），我们现在翻译成"细胞"。

不过胡克看到的其实只是植物的"细胞壁"，并没有看到活的细胞。而第一个看到活细胞的人，是另一个"虎克"——列文虎克。

列文虎克最早是在一家布店做学徒，听起来有点像刘备当年"织席贩履"，他用放大镜（也就是凸透镜）检查布料的质量。或许是因为这个工作"钱多事少"，他拥有大把的"业余时间"。于是他就利用业余时间开展自己的爱好：打磨镜片，自己制造"显微镜"。

其实列文虎克的显微镜并不太接近现在的复式显微镜，而是只有单个凸透镜的显微镜，说白了就是高质量的放大镜，不过它也能调整焦距、放置样本。但列文虎克的"绝学"就在于其手工打磨凸透镜的技艺非常高超，他一共磨出来了几百个镜片，倍数最高的能放大两三百倍。

有了这种显微镜，就打开了微观世界的大门，列文虎克开始进行"各种观察"，像什么红细胞、细菌、水中的微生物、精子，等等。就像现在，如果实验室买一台世界上少有的高端昂贵设备，也许就能观察或者加工很多东西，发表顶级论文。

正所谓"工欲善其事，必先利其器"。遗憾的是，列文虎克基础知识薄弱，研究的内容没有上升到更高的理论层面，他制造透镜的具体方法也一直保密，所以这种磨制透镜的高超技艺现在已经失传了。

◎ 电子显微镜中的蝴蝶为什么没有颜色

后来的显微镜又经过了种种改进，比如增加了透镜组来消色差和减小光学误差，但其核心框架仍然是由"物镜"和"目镜"组成的光折射显微镜。再之后，又出现了共聚焦显微镜、荧光显微镜等有特殊功能或者效果更好的光学显微镜。但光学显微镜有个天生的"缺陷"，就是其放大倍数会受到光波长的限制，因为光经过圆孔之后会发生"衍射"现象，所以观察特别小的物体时还是会模糊。一般也就能放大到 1000 ～ 2000 倍，最高分辨率在 0.2 微米左右。

如果想观察更小的结构，这种放大倍数就不够用了。所以在 20 世纪 30 年代左右，人们又发明了电子显微镜，精度能达到光学显微镜最高分辨率的 1000 倍。这类显微镜相当于是用电子替代光来进行"照射"，再去分析电子的一些信息。比如，

"扫描电子显微镜"是在电子打在物体表面之后，把物体对这些电子的"反应"（比如反射回来的电子、物体发射出"二次电子"）作为信息，计算出物体的表面形态。所以，电子显微镜是没有颜色的！之前有新闻报道说"把彩色蝴蝶翅膀放入电子显微镜中观察，原来是无色的"，这句话听上去很神秘，实际上是废话，任何东西在电子显微镜下都是无色的。什么叫颜色？不同频率的光才叫颜色，这里根本没有光，只有电子！你

看到的图像是通过电子的"表现"计算出来的，就像蝙蝠用超声波探测物体一样，不是通过光来了解物体的位置，这其中就并不存在"颜色"的概念。

后来，电子显微镜也不能满足人们的需求了，就又发明出了扫描探针显微镜：用一根探针来扫描物体的表面，利用两者接近时的微弱作用（比如原子间作用力、隧穿效应等）作为反馈信息，得知物体表面上的原子与自己有"多远"，从而计算出物体表面的形貌。其中的扫描隧道显微镜分辨率达到 0.01 纳米，能分辨出单个的原子。当然，这里面也不存在颜色！

随着人类好奇心的增强，现有的显微镜可能很快就不能满足我们的需求了。等到更高精度的显微镜出现，也就能将更小的世界"尽收眼底"了。

05
毒蛇与"九花玉露丸"

冷兵器时代，由于武器水平有限，在战争中经常会把动物当作武器来攻击对手。这样的情节在小说中也是屡见不鲜，比如"杨六郎大摆牤牛阵"，还有人把蝎子和蜈蚣当作"暗器"扔到对手身上。而金庸小说《射雕英雄传》里的西毒欧阳锋，更是专门养了一种用于袭击别人的毒蛇，中了毒的人如果再咬别人，蛇毒还能继续传递下去，堪比"瘟疫"。毒蛇的杀伤力不仅高于其他动物，而且比各种毒针、毒弩要厉害多了。

◎ 你中了哪种蛇毒

很多人看到软体动物时都会恐惧或者产生不适感，特别是蛇，恐惧会加倍。"蛇毒"是一些蛇为了杀死猎物所产生的剧

在下江湖人称
"食铁兽"！

大熊猫在古代被称为"食铁兽"，有学者认为它是
传说中蚩尤的坐骑，曾参与涿鹿之战。

毒物质，毒蛇从"制毒"到"放毒"，那真是"生产加工销售
一条龙服务"。由毒腺分泌出的毒液可以先储存起来，也可以
通过"导管"运输到毒蛇的牙，毒蛇的牙就好像注射器的针头
一样，咬住猎物时会自发地通过肌肉收缩把毒液注射到被咬者
体内。也就是说，如果一个人被毒蛇咬了，不仅仅会被咬伤，
还会同时被强行打上一针毒药。

　　其实现实当中并没有像小说里那种"瘟疫型"的蛇毒，蛇
毒一般只作用于被咬的受伤者，如果被咬的人再咬其他人，并
不会传播蛇毒。人们常听说的"铅中毒""氰化物中毒"，等

等，都是化学元素或者某种化合物直接破坏了人体的细胞或组织而导致的"中毒现象"。而蛇毒是"纯天然，无添加"的生物毒素，它发挥毒性作用的主要成分是蛋白质和多肽，主要包括两类，一类是血液毒素，另一类是神经毒素，当然也有二者兼备的"混合毒素"。

血液毒素更完整的称呼是"血液循环毒素"，中了这种毒的感觉可能有点像小说里中了"毒弩"暗器那样，伤口红肿胀

大、皮肤发黑发紫，毒素会渐渐扩散到整个肢体或者后背等等。有的血液毒素会导致凝血障碍令人出血不止，有的造成心血管功能障碍，而还有的会导致血细胞破裂，可能会造成血钾升高心脏骤停、喉头水肿窒息身亡、堵塞肾小管器官衰竭等后果，所以有人根据血液毒素效果或者作用部位，将其细分为心脏毒素、细胞毒素、出血毒素，等等。

另一类属于神经毒素的蛇毒，人们通常不会觉得被咬的伤口特别疼，流血也不多，也不怎么肿，于是就容易麻痹大意。受伤者的一时"麻痹"，随后可能就会导致自身肌肉的真正麻痹。神经毒素通常是阻断神经和肌肉接头的传递，导致肌肉麻痹，相当于麻醉了神经，让很多功能"不听使唤"。四肢不听使唤的结果是瘫痪、抽搐，可要是负责呼吸的肌肉也不听使唤了，最终就会因为无法呼吸而窒息身亡。不过有时候中毒的人可能会在某个阶段表现得很兴奋。

◎ 当你遇见一条蛇你应该做什么

既然蛇毒这么厉害，自然就会有很多人关注到底什么样的蛇才有毒。如果从分类学的角度来看，整个蛇的"家族"可以分为 3 个"亚目"（相当于 3 个大类），其中有一个亚目叫作"新蛇亚目"，这个亚目里面包括 3 个科（相当于 3 个小类）：蝰科，眼镜蛇科和游蛇科。其中游蛇科的一小部分是毒蛇，而蝰科和眼镜蛇科全都是毒蛇。

"蝰"这个名字听起来很陌生，但蝰科蛇类的名字经常被其他领域借用。比如《神探狄仁杰》里面有位杀手的绰号叫作"蝮蛇"，蝮蛇就是蝰科的一类毒蛇。另外美国有一种导弹名字叫"响尾蛇"，也属于蝮蛇的一类。再比如有一种美酒叫作"竹叶青"，而竹叶青也是蝰科的一类毒蛇。

蝰科蛇类的瞳孔通常是一个竖着的长条，而不是圆的，看起来"眼神犀利"。它们的脑袋是三角形的，当然并不是像《金刚葫芦娃》里面的那种倒三角的"蛇精脸"，而是正三角，说白了，就是不那么的椭圆。有的说法说是因为毒蛇需要有个储存毒液的地方，所以一般毒蛇眼睛后面的部分都比较宽大。

但毒蛇的眼神并不都这么犀利，也不都是倒着的"蛇精脸"，比如眼镜蛇的瞳孔就是圆的，脑袋也不是三角形而是椭圆形，它有一个很大的特点，就是脑袋是扁平的。眼镜蛇的"脖子"可以扩大变成扁的，这时候从后面看，它的"脖子"上会有一个像眼镜一样的黑白斑花纹，这大概就是其名字的由来。而"眼镜蛇科"不只包括眼镜蛇和眼镜王蛇，还包括有着环状花纹的金环蛇和银环蛇等。

毒蛇通常还有个特点，就是颜色比较鲜明，不过这是"一般"情况，并且没有"定量"的明确指标，比如什么样算颜色鲜明，因此，对于非专业人士来说，通过看脸来准确鉴别毒蛇的难度是很大的。如果看到蛇，最好还是不要随便去招惹。

实际上，蛇可能更怕人一些，毒蛇分泌毒液需要很高的时间成本，人家也舍不得随便用。所以看到蛇千万不要把蛇抱起来仔细看看它是三角头还是扁平头、眼神犀利与否，而是不惊动它，悄悄地赶快走掉，蛇通常是不会追着你咬的。

◎ 哪里去找"九花玉露丸"？

我们都知道在野外要做好自身防护、小心别踩到蛇，但有的时候"瓦罐不离井上破"，在野外活动就存在被咬伤的可能。如果被蛇咬伤了该怎么办？很多人对此问题的了解并不来自生物医学，而是来自小说。

武侠小说里的人物被蛇咬是常见情节，后续操作不外乎就是用嘴吸、用火烧、用刀割、使劲挤，等等。事实上，这些方法通常都会适得其反，可能加快流血或者肢体坏死的速度，蛇毒更是不会被吸出来的。甚至还有人"自行截肢"，觉得"保命要紧"。实际上咬伤之后并不一定"必死无疑"，中毒程度和毒液的浓度、注射剂量、咬伤的深度都有关系，有的时候也是能自己"扛过去"的。像柳宗元《捕蛇者说》里面"触草木尽死"产于"永州之野"奇毒无比的"异蛇"，其实是作者进行了艺术加工和虚构的。

所以被蛇咬了之后，可以适当挤压，结扎伤口防止毒素扩散（但也要定期放开，防止肢体坏死），更重要的是赶快去医院，还是不要拿生命做赌注，并且最好能拍下蛇的照片（如果蛇被弄死了就带着吧），以便对症下药。

医院是用"抗蛇毒血清"来进行医治的，通常还会辅助呼吸机之类的设备来防止呼吸衰竭。抗蛇毒血清是通过特异性抗体与蛇毒进行特异性结合，从而破坏毒素的活性。我国生产这种抗蛇毒血清的机构叫作"上海赛伦生物有限公司"。这个名字有时候是救命用的，因为蛇毒血清可并不是"各大药店均有销售"，也不是"各大医院均有库存"的。生产血清的成本很高，通常要先给马注射浓度较低的蛇毒毒液，经过一段时间从马的身上提取出抗体，经过一系列复杂的处理之后制成药品。而血清又不宜保存，被毒蛇咬伤不属于特别常见的情况，所以开发蛇毒血清的市场并不大，我们国家也没有第二家企业生产抗蛇毒血清，医院存量也很少。如果在北京，基本只有解放军304这一家医院可以治疗。

在《射雕英雄传》中，如果中了欧阳锋的蛇毒，可以用桃花岛主黄药师的"九花玉露丸"来解毒。现实中有没有"九花玉露丸"呢？当然没有。但有一种药叫作"季德胜蛇药"，可以适当缓解症状的发展，为去医院争取时间。而真正的特效药，还是要找对应的"抗蛇毒血清"。

最后强调一下，蛇是一种保护动物哦，千万不要主动去招惹；你不惹它，它一般也不会惹你。

CHAPTER

06

这么近又
那么远的物理

01
强迫症必读：
物理学经典对称性

对称是生活中常见的一种现象。我们最早对"对称"概念的理解，大概类似于"两边对应相称"的感觉，比如把橙子切开一分为二，两边大小基本相当。听说有些人会有"对称强迫症"，如果你碰了他的左胳膊，他会想让人再碰一下右胳膊，否则心里就会很难受。

◎ 上帝是个左撇子

大千世界中，大自然的很多创造物都具有近似的对称性。我们吃的水果多数对称，个别不对称的水果可能是因为没有长好，才有了"歪瓜裂枣"一说。而对于天上飞的、地下跑的、草窠蹦的、水里游的等各种动物而言，其中很大一部分都是基本对称的。当然也有很多看起来不对称的动物，最著名的就是"比目鱼"，还有像海螺这类动物也是不对称的。

关于生物对称性的原因，研究者一般认为是在进化过程中随着复杂度的需要而形成的。最早的时候，对于动物来说各个方向没有区别，"往哪儿长都一样"，就形成了水螅这种基本"各个方向均衡生长"的动物。为什么它不长成球形？因为有重力。很多研究者认为，对称更有利于在重力作用下保持平

比目鱼是不对称的动物，但这位有强迫症。

衡。所以完全对称是动物的初始状态，不对称是因为有各种原因打破了这种完全对称的状态。

对于很多外观对称的动物来说，其内部并不是对称的，比如人，每个人都是"偏心"的，内脏的分布是不对称的。这是因为"屋子太小空间紧张"，所以需要打破对称性才能充分利用。而从更小的层面来说，细胞里面也并不是对称的，DNA的双螺旋结构就是不对称的，很多大分子形状都很复杂，并不对称。另外，有的分子虽然自己不对称，但是它们可以找到一个"和镜子里的自己"一样的"自己"，也就是和自己镜像对称的分子。然而虽然看起来和镜子里的自己一样，彼此的性质却经常大有不同。所以这类大分子被分为"左手性"和"右手性"，就像人的左右手一样。大家熟悉的氨基酸，就分为"左型氨基酸"和"右型氨基酸"。而目前的研究发现，地球上构成生命、构成蛋白质的氨基酸，全都是左型氨基酸。从这个角度来看，生命并不对称。

◎ 对称性都去哪儿了

我们所说的"对称性"不仅包括"照镜子"那样的"镜像

对称"，还包括很多其他的对称方式，比如中心对称、旋转对称和平移对称，等等，这些"对称"看起来像是对物体的某一部分的有规律的重复。因为人们对这种重复的视觉印象更深，所以很多商标都设计得具有一定对称规律。数学上是通过"群论"的方式来定义对称性的，而我们可以简单理解为"经过一定操作之后还和原来一样"。

然而，外观上的对称其实只是"对称性"的冰山一角，其更大的意义在于物理研究中所涉及的"对称性"——物理规律的对称性也称为"不变性"。而这种对称性被很多物理学家认为是宇宙的重要基本规律。

物理规律中的对称性（不变性），指的是物理规律经过一定变换之后依旧保持不变，比如，无论你在家里还是在上班，各种物理定律都是一样的（可能只有你的心情不一样），这就叫"空间平移对称性"。另外，古代和现代都遵从同样的物理规律，没听说过古代苹果熟了往天上飞而不往地上掉的，这叫"时间平移对称性"。也就是说把"物理规律"进行时间或者空间上的平移变换，仍然和原来一样，不发生变化。还有一种叫作"旋转对称性"，就是说旋转之后物理规律仍然保持不变。有人说这不对呀，比如我向上抛硬币，旋转之后变成了向下抛硬币，这不一样了呀。这里的"旋转"是所有东西一起旋转，如果抛硬币方向变成向下了，那地球和引力就会跑到上面，相当于把整个坐标系进行了旋转，所以仍然保持不变。

我们还可以从"观察者"的角度来理解，因为"变换"是相对的变化。比如平移对称性，物理规律平移之后不变，可以看成是人平移之后看到的物理规律是一样的，所以旋转对称性可以看成是做实验的时候脑袋上下左右转或是翻跟头，对观察者来说"物理规律"都是不变的。

时间是变化的，而我却没有任何变化。

◎ 浅谈诺特定理

"对称性"在物理学中的一大用武之地在于诺特定理（Noether's Theorem），它其实只有一句话，即"连续对称性和守恒定律的一一对应"，就是说每一种连续对称性都能找到其对应的守恒定律。

比如，时间平移对称性对应着能量守恒定律，这是可以严格证明的，简单来理解就是如果物理规律会随着时间变化，那么抛出去的球就可能越来越快，能量就不守恒了。而空间平移对称性对应着动量守恒定律，旋转对称性对应着角动量守恒定律，其本质就是无论空间怎么平移、怎么旋转，其物理和化学等各方面的性质都是没有区别的，不会发生变化。

无论是时间平移对称性、空间平移对称性，还是旋转对称性，都可以连续进行平移或者旋转，也就是说，平移任何长度、旋转任何角度都是可以的，这叫作"连续对称性"。而我们"照镜子"时这种镜面反射对称性，在物理学上叫作"空间反演对称性"，只有"镜子里"和"镜子外"两种情况，中间没有，就不是连续对称性。

不过到了量子力学的研究领域，物理量通常都是不连续

不只宇宙守恒，
我的体重也守恒．

的，比如能量。但是在量子力学里，即使不连续的对称性仍然有其相对应的守恒定律，而类似"照镜子"的"空间反演对称性"所对应的定律就是"宇称守恒"。其中的"宇称"可以简单理解为描述微观粒子特点的物理量之一。

◎ 说文解字之弱相互作用下宇称不守恒

相信很多人都听过"弱相互作用下宇称不守恒"这句话——著名的"诺贝尔奖"成果。它说的是"弱相互作用"的情况既不满足"空间反演对称性"，也不满足"宇称守恒"，并不是说它打破了诺特定律，"空间反演对称性"对应"宇称守恒"仍然是成立的。

宇宙中的基本相互作用可以分为四大家族：引力、电磁力、强相互作用和弱相互作用。日常生活中我们接触到的压力、弹力、摩擦力都可以归结为电磁力；引力指的就是常说的"万有引力"；强相互作用是把质子们和中子们"拉"在一起组成原子核的"强核力"。而弱相互作用可以简单理解为它和一些放射性衰变、聚变过程有关，在日常生活中并不能直观看到，在这种情况下，"宇称"这个物理量就是不守恒的了。如果真想搞清楚其中的具体含义及原因，还是要先学一下量子力学的——当然，学完也不一定能搞清楚。

所以，有了"诺特定理"，物理学家就可以根据守恒去找对称、根据对称去找守恒，找出来的这些"守恒"和"对称性"，就是我们这个宇宙的规律。

02
真的有
"天上一天，地上一年"吗

　　《西游记》里面有很多神仙都有自己的"坐骑"，也有人说这"坐骑"其实就是宠物，因为神仙可以腾云驾雾"说走就走"，并不需要代步工具。而故事中经常有这样的情节：神仙一时没注意，坐骑就"翘班"偷跑下界了，天上刚过去几天的时间，它就已经在凡间"自立为妖"好几年了。这是因为中国古代神话传说中有个说法，叫作"天上一天，地上一年"。

◎ 什么是天上的"一天"

　　"天上一天，地上一年"这个说法现在想起来有些奇怪，作者脑洞是怎么开出来的呢？可能是根据星相的重复。昨天的星空和今天的星空是不一样的，星星的位置有变化，但一年之后就又会重归原位。比如北斗七星在不同季节的同一时辰出现在天空的位置是不一样的，冬天的时候一般得晚上十点多才能看见北斗七星，而且很贴近地平线，古代有根据北斗七星初昏时候的"斗柄"指向来对应不同季节的说法："斗柄指东，天下皆春；斗柄指南，天下皆夏；斗柄指西，天下皆秋；斗柄指北，天下皆冬。"我们现在知道这是因为地球公转，而因为星相一年"重复"一次，所以古人认为凡间的一年是天上的一天。

确实，有时候天文上会把行星自转一周的时间称之为"一天"，比如我们常说"金星上的一天大概等于地球上的117天"，如果按照《西游记》里的说法，"太白金星"过了一天的日子，地球上是得过小半年了。不过这仅仅是指金星自转一周的时间比我们长，我们过了117天，它刚完成一次自转，并不是指在金星上面感觉到的时间长度会更短。所以即便是真的把地球公转看成是"星空自转"，称之为天上的"一天"，也和神话里面说的不是一个意思。

◎ 时间都去哪儿啦

神话故事中，"天上"和"地上"的时间快慢不一样，而如果要在现实世界中寻找真正的"时间变慢"，就要借助爱因斯坦的"时空神器"——相对论。现在通常认为经典力学，也就是牛顿力学，只适用于宏观低速的世界。虽然生活中飞机火箭的速度很快，但是远小于光速，都只能算是"低速世界"。低速世界的各种"常识"，到了高速运动的世界就玩不转了。在爱因斯坦的狭义相对论里，就讨论了物体在高速运动时候的一些变化。比如，运动中的物体质量会变大、长度会变短，日常生活中的速度远小于光速，所以几乎看不出来物体质量的变化，但如果接近光速的话就会很明显（任何物体都无法超过光速）。而物体的质量具体大了多少、长度短了多少，相对论中是有公式可以计算的。

狭义相对论中和时间相关的一个现象叫作"时钟变慢"，也可以说是"时间膨胀"。假设一艘飞船相对于地球高速飞行，速度接近于光速，飞船上的时钟是会变慢的。这里所说的"慢"和平时钟表没电走不动了的那种不一样，飞船上的人看时钟是正常的，相对于飞船来说时钟并没有慢。但相对于飞船以外的地球来说，也就是在地球上看飞船的时钟是慢了的。慢了多少呢？也是有公式可以计算的，总之飞船越接近光速，就慢得越厉害。飞船上的时间和地球的时间是不一样的，飞船上的人刚过了一天，地球上的人可能已经过了好几天，如果飞船再快些，就会真的出现"飞船一天，地球一年"的现象。

而运动是相对的，飞船相对于地球在接近光速运动，地球相对于飞船也在接近光速运动，所以在飞船上的人看来，地球上的时间应该也同样变慢了。这样一来，到底是"天上一天，地上一年"还是"地上一天，天上一年"呢？实际上这和我们平时对时间的理解是不同的，可以简单理解为飞船上和地球上有各自的时间内体系，我玩我的，你玩你的。

那么问题又来了，假设"天上"和"地上"都看到对方的时间变慢了，孙悟空来到天上求助的时候，他和地上的唐僧都会觉得自己的一天是对方的一年，那么当孙悟空再回去的时候，到底谁比谁的时间慢？这其实就是著名的"双生子佯谬"问题：一对孪生兄弟，其中一个坐着接近光速的宇宙飞船旅行，另一个留在地面，当前者旅行回来的时候，到底谁比谁年龄大？实际上，狭义相对论讨论的是惯性参考系，飞船做匀速直线运动的时候没问题，但是当其中一人坐上飞船出发的时候，肯定会经过加速过程，回来的时候也肯定有减速过程，而这些过程中就不再是会"互相觉得对方慢"了，一般可以用广义相对论的内容来讨论和计算，得出的结论是：经历过加速、减速过程的"飞船兄弟"会更年轻。其中的原理可以简单理解为"加速"和"减速"的过程让坐飞船的兄弟时间真的变慢了，不过他并不会感觉"自己的时间过得慢"，而是感觉"别人过得快了"。

◎ 质量、引力与时空

《西游记》中并不存在神仙认为"天上一天，地上一年"的情况，也没听说神仙处于高速运动的状态，因此按照狭义相对论去找一个"高速运动的天宫"其实是有问题的。

而广义相对论认为加速度和引力效果是一样的，所以上面说的飞船"加速"和"减速"的这两个过程实际上和引力的效果是一样的，受到"双生子佯谬"案例的启发，想要实现"天上一天，地上一年"，可以考虑让"引力"发挥一定作用。这就是所谓的"引力时间膨胀"。

　　爱因斯坦认为，一个有质量的物体，会使得它周围的时空发生扭曲，而且物体质量越大，时空扭曲就越严重，这也是万有引力产生的原因。一个经典的比喻是，把一个小石块放在一个弹性薄膜上，薄膜就被压得凹下去，而旁边如果有沙子的话，就也容易向被这颗石子压凹陷的地方滚落。有质量的物体会让时空发生扭曲就类似于这种感觉。我们观察到的实际现象也证明了这一点，比如，来自遥远恒星的光线经过太阳的时候，会产生偏折，光会沿着大质量物体所形成的时空曲率前进。

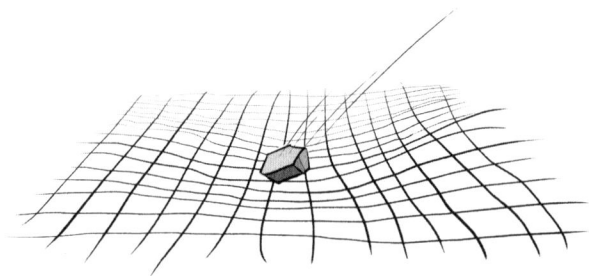

　　2017 年，对于"引力波"的探测获得了诺贝尔物理学奖，这里说的"引力波"就是两颗质量巨大的星体绕在一起转动引起的"时空扰动波浪"，就像石子投入水里那种感觉，只不过波动非常微弱，探测难度极大。

　　所谓的"时空扭曲"不仅包括空间的变化，引力大的地方时间也会变慢。所以离地面远的卫星上，时钟会比我们地面上快，需要进行修正。水星近日点进动[①]、引力红移[②]的现象也都证明了引力对时间的影响。但按道理说"天上"引力更小，应该时间过得更快呀？这要看怎么理解"天"的含义，"天"并不局限于大气层的范围内，以前说太阳、星星都在天上，所以可以认为"天上"指的是整个宇宙。如果有一颗引力非常大的星体，在其附近寻找到一个合适的位置，真的会发生"天上感觉过了一天，地上的人已经过了一年"这种现象，而且这种"引力时间膨胀"不是互相性的，不管是从天上看还是地上看，都是"天上一天，地上一年"。

---

① 进动是指一个自转的物体受外力作用导致其自转轴绕某一中心旋转的现象，也叫作旋进。——编者注

② 引力红移是指强引力场中天体发射的电磁波波长变长的现象。——编者注

广义相对论还预言了"黑洞"的存在，黑洞是引力非常强的一类"天体"，距离黑洞越近，引力就越大，时间也就越慢。而与黑洞接近到一定程度，就会出现"时间凝固"的现象，就是"时间已经慢到不再向前走了"，这时与黑洞之间的距离叫作"史瓦西半径"。一旦进入这个半径里面就再也出不来了，连光都出不来。半径里面的时空是什么样？谁也不知道。

当然，《西游记》里"天上一天，地上一年"的神话设定主要是剧情需要，如果没有这个设定，这么多神仙过了一年半载都没发现自己的坐骑不见了，也不去找回来，显然不合情理，而如果只让"坐骑"下界为妖几小时或一两天，可能也成就不了什么"霸业"。

不过根据现在的时空观点，如果这个"天"指的是整个宇宙的话，在理论上确实可能存在这么一个地方，那里过了一天，而我们这里已经过了一年。

03
平行宇宙的前世今生

　　小时候我们看《西游记》或者《哆啦 A 梦》的时候，可能会羡慕里面具有"分身法"的角色，尤其是在我们想出去玩却又不得不写作业的时候，经常幻想着自己拥有一个分身，一个自己出去玩，而另一个自己把作业写完。

　　如果按照一些科幻小说的假设，我们确实是时时刻刻都在"分身"，有好多个自己在不同的场景下进行不同的活动——这就是所说的"平行宇宙"理论。所谓"平行宇宙"，大概意思是宇宙每时每刻都在分离出各种"不同剧情"的宇宙。每个人其实是在同时经历不同的可能性，就像不同道路上的汽车互不干扰，但我们只感受到了其中的一种情况。当然这并不是真正的"分身法"，更不是"人格分裂"，而是整个宇宙的"分裂"。

在中国，最著名的猫要数"黑猫警长"，但在世界范围，有一只名气更大的猫，就是"薛定谔的猫"。要了解"平行宇宙"的理论，就得从这只全球闻名的猫说起，而在与这位"喵星人"打交道之前，我们要先对量子世界的"风格"有所了解。

◎ 从纠缠态到本征态

一般来说，在宏观世界中，事物普遍具有确定性。而在量子世界的一些理论里，事物普遍被认为是"不确定的"，比如原子核的核外电子是怎么运动的？玻尔最早提出了氢原子的模型，认为电子是有运动轨道的，但之所以一直叫"氢原子模型"是因为这个模型并不适用于其他的原子，相当于专门为氢原子"凑"成的模型。后来有人提出，原子核外电子运动的方向和轨迹其实是根本不能确定位置的，只能统计出现在各个位置的概率。

而这种"不确定"的意思和宏观世界里的"不确定"是不一样的，宏观的不确定往往是不知道，比如，我不确定你在单位加班还是在家睡觉，可能很大概率是加班，但实际上你只有一种状态，所谓的"不确定"只不过是我的猜测不一定准确。

但如果按照量子力学的观点，你本身的状态就是既可能在单位加班也可能在家里睡觉，可以形象理解为既在家，又在单位，但又不是实实在在地同时在两个地方，像是同时"游离"在家和单位。电子也是这样，可能同时存在于每个位置，它的状态就是这些可能进行叠加，听起来就很纠缠，这样的状态就被称为"纠缠态"。而"纠缠态"是用一个名叫"波函数"的方程来描述的，它描述了一种很纠结的状态，即几个状态叠加在一起。

但是如果通过实验对电子的位置进行测量，就会测量到电子每次只出现在一个地方。虽然每次测量到电子的位置可能不一样，但都是确定存在于一个地方，不是同时出现在多个位置而"纠缠不清"的。这样看来，电子的位置也并不是"不确定的"呀？但量子力学的解释是，我们进行测量、观察的这个过程会打破这种"纠缠态"，使电子成为某一个"确定状态"，称之为"本征态"。也就是说，本来是纠缠的，让你一看，就确定下来了，不再"纠缠"。"看"的这个动作起到了作用，把纠缠态"看"成了本征态，这个过程中发生什么？专业上称之为"波函数坍缩"。

这显然和我们的生活经验不一样，比如，男朋友送你一个礼物，你在打开盒子之前这个礼物是什么就已经确定了，不会因为你"看"就影响了礼物本身。假如男朋友说送你了一个"波函数"礼物，打开盒子一看是一块橡皮，如果他说是你运气不好，否则打开盒子时礼物有可能会"坍缩"成"豪车钥匙"，你一定不会相信。

◎ 量子力学奠基人之猫

所谓"薛定谔的猫"并不是"薛定谔与猫的故事"，它与"农夫与蛇"完全是两回事，薛定谔老师也没养过这么一只猫，它其实是薛定谔的一个"思想实验"。所谓"思想实验"指的是并没有做这个实验，而是进行了假设分析。

假设有一只猫被困在一个密闭的盒子里，盒子里有一瓶毒气，毒气瓶上有一个锤子，锤子由电子开关控制，而电子开关由放射性物质控制。这些放射性物质有 50% 的可能发生衰变，如果衰变，就会放出粒子触动开关，锤子落下砸碎毒药瓶，释放出里面的毒气，猫必死无疑。如果没有衰变，猫就安

生存还是毁灭，这是一个问题！

然无恙。

根据量子力学观点，这些放射性物质是同时处于衰变和没有衰变状态下的"纠缠态"，两个状态都有可能，就好像之前说的电子的位置一样。对应到这只猫上，就是说它处于既死又活、半死不活的纠缠态。但是如果你打开箱子去看猫到底死没死，就发生了"观测"，这时候猫就会变成或者死、或者活的"本征态"。也就是说，这只猫是被"看死"或者"看活"的。

这显然与日常逻辑不符，因为猫只可能有死了和活着两种状态之一，所以这其实是一个荒谬的结论，但这个思想实验有助于理解"纠缠态"的大概意思。不过薛定谔提出这个"薛定谔的猫"，并不是为了帮助别人理解概念，而是为了吐槽。

薛定谔是量子力学的创立者之一，但他本人认为量子力学是不完备的，背后应该还有更本质的原因。他曾经提出著名的薛定谔方程，描述微观粒子运动，获得了诺贝尔奖，但他本人并不知道这个方程的意义是什么。现在采用的这种对量子力学的解释叫"哥本哈根诠释"，我们的课本和刚才的分析都采用了这个派系的理论。但薛定谔对此不认可，于是提出了"薛定谔的猫"的思想实验，得出"半死不活"的荒谬结论来"砸场子"。

◎ "量子永生"

对于"薛定谔的猫"的解释，有人提出了另一种观点，也就是"平行宇宙"。这种观点认为实际上"活猫"和"死猫"分别在两个宇宙一起发展，当你"看"的时候，两个宇宙就分裂了，你只是被动选择了其中之一。宇宙还可以继续分裂，听起来很可怕，似乎宇宙每时每刻都在不断指数级地增长，这得有多少宇宙？实际上，"宇宙"很抽象，我们看见的维度并不一定是它的全部，我们可能很难想象它具体的样子。

基于这种理论，又有"好事者"提出了一个叫作"量子自杀"的实验，就是把薛定谔的"猫"换成"人"，于是在观测的时候，这个人就会分裂成一个死的和一个活的，而对这个人来说，唯一有意义的世界是那个活着的世界，他会继续在那个世界里活下去。如果继续按这个逻辑分析下去：一个人想自杀，那么他每次自杀都有活着的概率。比如，他如果上吊，绳子是由粒子组成的，符合波动方程，有极小概率绳子会断或者出现其他原因，他死不了，于是他就会在这个分裂出的宇宙里继续存活。无论怎么自杀，他在自己的宇宙里永远都死不了，而在其他的宇宙里，亲人可能正为他哀悼。同样，也总会存在着一些量子效应，使得一个人不会衰老，于是一旦存在，就永远死不了，永远活在属于自己的这个宇宙里。

当然，这只是一种科学理论，没有证实是否正确，千万不要因此尝试自杀。因为到底有没有平行宇宙，谁也不知道。量子力学领域至今有很多还没搞明白的内容。所以很多人说，"如果觉得量子力学越学越不明白，那就是学明白了；如果觉得越学越明白，那就是没学明白"。正如玻尔有一句名言："如果你第一次听到量子理论的时候没有发火，那一定是没听懂。"

如果真的存在平行宇宙，或许每个人都是自己世界里的佼佼者。

04
电与光的爱恋

　　现在有很多以爱情为主题的歌曲，比如有一首歌的歌词将恋爱的情侣形容为"你是电，你是光"。如果从科学的角度来说，表达成"你是电，我是光"或许也能描述出爱情的甜蜜，因为"电"和"光"是密不可分的。

　　中国古代有"电光石火"的说法，这里的"电光"指的是闪电的光，当时的人们并没有认识到电和光之间的关系。不过这说明了电是能够产生光的，两者有一定的关联。现在广泛使用的发光方式，绝大多数都是用电。然而即使是煤油炉子燃烧发的光，其实也和"电"脱不开干系。想搞清其中的原因，就要先了解两种微观粒子。

◎ 光子与电子

我们生活中接触到的各种物质，一般都是由"粒子"组成的，其中组成光的"粒子"被称为"光子"，也叫"光量子"。其实光子不只组成了我们的可见光，各种各样的电磁波也是由光子组成的，用学术语言来说，光子就是"传递电磁相互作用的基本粒子"。光子没有静止质量，但它运动的时候就会拥有质量，所以光照的时候有"压力"存在。光子运动的速度就是光速。

光由"光子"组成，然而"电"却并不是由电子组成的，因为"电"是一个相对模糊的概念，通常指的是一类现象。不过"电子"可以看成是"电"领域的代表性粒子。

电子虽然没有组成"电"，但我们生活中的各种实体物质都包含着大量的电子。电子就好像实实在在的"颗粒"一样，具有静止质量，不过它是带负电的"颗粒"。为什么是带"负电"呢？这就要来看看正负电荷的定义：用丝绸摩擦过的玻璃棒带的电荷叫作"正电荷"，用毛皮摩擦过的橡胶棒带的电荷叫作"负电荷"。这个定义看起来很生活化，不太符合学术界一直以来的严谨风格，这也从另一个角度说明了，规定哪个是正、哪个是负并不影响研究。与其选择恐惧，不如随便规定一个。人们最早研究的电现象就是摩擦起电，而有这个规定的时候还没有发现电子，也不知道"怎么这么巧，怎么这么寸"，电子带的电荷种类就被规定成了"负电"。

电子本身带负电，但其实还有一种带正电的电子，叫作"正电子"，除了带正电以外，其他参数都和电子一样，它属于"反物质"。反物质不是科学家假想的，是真实存在的，但存在很不稳定，因为"正电子"遇到"电子"会发生"湮灭"，地球上这么多的物质都包含大量电子，"正电子"当然在地球

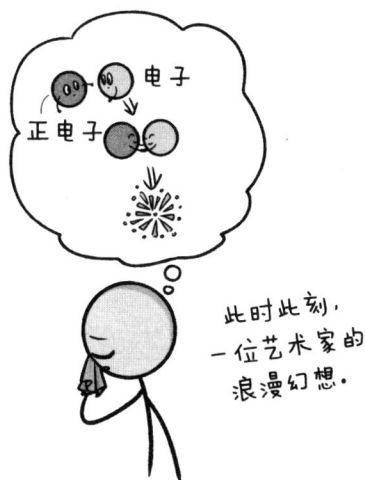

此时此刻，一位艺术家的浪漫幻想。

上"混不下去"，而电子与正电子发生"湮灭"的过程中会放出两个光子。由此能够看出，电子和光子之间存在一定的转换关系。

其实电子和光子的关系远不止于此。通常我们生活中说的"有电"，指的不是有电子，而是有"电场"。我们常说的电流，就是电子或者其他电荷在电场的作用下进行的定向运动。前面也说了，光子就是"传递电磁相互作用的基本粒子"，所以电场实际上可以说成是"光子场"。电子和电子之间、电荷之间相互的电磁作用，都是通过光子来完成的，所以电场传播的速度也就是光速。

◎ 粒子家族的对抗与包容

虽然光子和电子之间的关系密切，但两者给人的感觉很不一样。光子好像是"抓不住"的，而电子却似乎具有"实体"，我们随便抓起的一个物体里面就含有大量电子。其实光子和电子分别属于两个不同的粒子家族：玻色子和费米子。

像原子、夸克、光子、电子这些组成物质的基本"颗粒"，都属于"粒子"。而在量子力学中，粒子有一种叫作"自旋"的特性。有人把它理解成类似"地球自转"，但其实它和宏观的地球自转不太一样，量子世界的特性是很难与宏观世界现象对应的。不过，可以用一个数字来描述这个"自旋"的角动量，这个数字要么是整数，要么是半整数。所以粒子可以分为两类，一种是"自旋"（自旋量子数）是整数的，叫"玻色子"，另一种是"自旋"是半整数的，叫"费米子"。

　　为什么要把这些粒子分成"玻色子"和"费米子"呢？因为两者在性质上有很大差别。费米子有个特点，叫"泡利不相容原理"，意思是没有两个费米子具有同样的量子态，简单地说，就是"容不下别人"。电子就是费米子，所以不同的电子在原子核外的时候不能都挤在同一个轨道上。费米子是组成

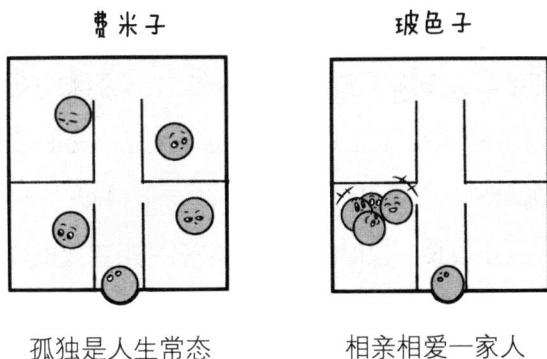

费米子　　　　玻色子

孤独是人生常态　　　相亲相爱一家人

物质的粒子，所有物质都具有有限的体积与硬度。而物质之间的基本相互作用是由玻色子来完成的，光子就是玻色子，没有"排挤别人"的习惯，可以"使劲挤压"形成特别狭窄的激光。

如果"玻色子"和"费米子"的特性倒过来，世界就会变得很可怕。首先我们将没有激光，这也能接受，上课我们可以用传统教鞭，祛痣也可以不用激光而用刀挖，但更可怕的是，我们的日常用品没有硬度和体积了，这样的话，北京的交通就不会再拥堵了，因为车辆会"相互穿越而过"。当然客观现实和历史事实一样都"不容假设"，不可能去改变，仅供我们开脑洞娱乐一下。

◎ 用电发光和用光发电

光和电的关系除了表现在微观的"光子"和"电子"上之外，还表现在一些宏观上的现象：电能发光，光能发电。

如果现在谁家里用钨丝电灯，就会显得很"土"，而且也不节能。但在很长一段时间里，大家都是用钨丝电灯。这种电灯就是通电把钨丝"烧红了"，从而发出亮光。嗯，不是"红烧了"，而是"烧红了"。为什么通电就能"烧红"钨丝？我们知道原子的组成包括原子核与核外电子，而这个"核外电子"可以处在不同的能级，有时候比较"活跃"，有时候比较"低迷"。电灯通电加热的时候，钨丝的原子就会吸收能量，"升级"到"高能"状态。不过就好像苹果向下落一样，处于能量高的位置，这些电子就不太稳定，会很快"掉回"低能态，这个过程叫作"跃迁"。电子在跃迁的过程中会发出光子。而当电灯中的大量电子都向低能级跃迁、发出大量光子的时候，我们就会看到光亮。

其实，无论是不是靠电能来发光，其原理都是"电子跃迁"——这就给"电子"和"光子"之间增加了一层新关系。比如物质燃烧的时候，是通过化学能将电子提升到"高能态"，再跃迁回低能态释放光子的，这就是所谓的"辐射"形成光亮。物体本身就具有大量的电子，并不是通了电才有。所以不论是古代的"灯球火把、亮子油松"，还是煤油炉子、柴火堆，都是靠"电子跃迁"发光的。

关于"用光发电"，大家比较熟悉的就是太阳能电池，其中的原理叫作"光电效应"。

为什么光一照就能"自动放电"呢？因为有些物质（比如硒）对光子比较敏感，能够"吃掉"光子，然后放出电来。也就是说当光照的时候，它里面的电子能够吸收光子的能量。电子吸收能量之后就"元气满满"了，本来它是原子内部的一部分，但能量大了以后"庙小装不了大神仙"，原子核束缚不了这种电子，电子就会"单飞"，逸出金属表面。这种电子被称为"光电子"，这个过程形成的电流叫作"光电流"。

"光"和"电"不仅能够在宏观上互相产生，其微观上的"光子"和"电子"的关系也"纠缠不清"。有很多大学把光学和电学合并在一起教学，命名为"光电"专业。

硒的独门绝技

05
乐高和宇宙的关系

很多女孩子都特别爱吃奶油，却又不太敢吃，因为奶油被封为"高能量食品"，吃了会发胖。然而说到"高能量"，其实不管是奶油、巧克力，还是我们喝的水，它们的原子核里面都蕴含着巨大的"潜能"。吃下去之后被人们身体吸收的这些能量，如果和它们原子核里面蕴含的巨大"潜能"相比，那简直是"弱爆了"。

◎ 小小的身材大大的能量

"原子"是构成分子或者直接构成物质（比如金属）的粒子，但它也有自己内部的"组织结构"，由原子核和一些绕着原子核转的电子组成。原子核其实是一些"抱团"的粒子，包

众所周知，奶油蕴含的能量能
让你的体重增长如核爆炸。

括两类，一些叫质子，另一些叫中子。质子是带正电的，质子
带正电的数量与原子核外电子带的负电的数量是相同的，所以
原子整体不带电。而核外电子数决定了原子的性质，根据这个
核外电子数（也就是原子的性质），将不同类别的原子分成不
同的"元素"。比如说，如果发现某原子核里有 6 个质子，这
种原子一定是叫作"碳"。但同样都是碳，中子数可能不同，
碳的原子核里有 6 个中子，有的碳元素原子核中可能有 7 个或
者 8 个中子，那么这些碳元素就都被称为碳的"同位素"。一个
原子的质量主要由质子和中子的质量决定，因此原子的相对原

子质量等于其质子数与中子数之和，比如我们常说的"碳 -14"（有时候也写成碳 14、C-14、或 ^{14}C），其中有 6 个质子和 8 个中子，14 就是质子数和中子数的和，也就是相对原子质量。而"铀 -235"也是这个含义，它里面有 92 个质子和 143 个中子。

在化学变化中，原子已经是最基层的组织了，所以变化反应是以原子为最小单元进行的。比如铁被氧化成为铁锈之后，铁锈里面的铁原子并没有比原来少，只是原来单独存在的铁原子和氧原子抱在了一起。但有一种变化会打破原子的"基层组织"，进行结构"重组"，这就是"核变化"，会释放出原子核里面的巨大"潜能"。比如，原子弹爆炸。

◎ 被轰击的原子核

原子弹释放能量的原理叫作"核裂变"：一个质量较大（也就是含质子、中子数较多）的原子核在被中子轰击之后，吸收了这个中子，然后分成两个质量小的原子核。比如常用的铀 -235，裂变之后会变成锶、氙等，这个过程会释放出能量。如果只有一个原子发生裂变，其实没太大威力，但铀 -235 在裂变的时候还会放出大量中子，这些中子也带有很高的能量，会轰击到其周边的原子核，继续发生裂变，形成"链式反应"。

原子弹爆炸释放的能量究竟有多大？用爱因斯坦的"质能方程"$E=mc^2$可以算出来。其中的m是质量，也就是说，核裂变之后，原子核总质量会减少，那些质量去哪儿了？变成了大量的能量。所以经典物理学里面的"能量守恒定律"与化学里面的"质量守恒定律"都是有局限性的，通常的化学反应（比如炸药爆炸）释放的能量很少，看不出来质量变化，而核变化释放的能量非常大，能检测到质量的减少。所以现在把这两个定律合并在一起了，叫作"质能守恒定律"。

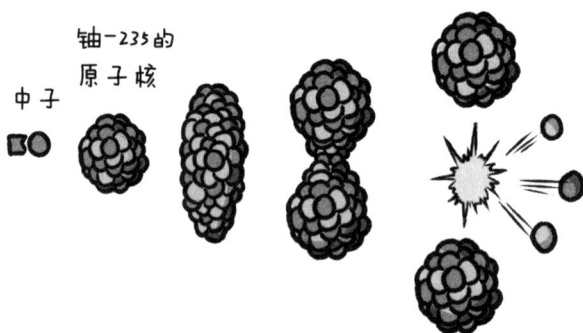

核裂变及链式裂变反应

原子弹有那么大的能量，那么是否可以为我们所用？当然可以，不过利用它，得要让它"听话"才行，不能任性地一次性释放这么多能量，而是要"细水长流"。核电站就是利用核裂变的能量发电，但里面所用的铀的浓度没有那么高。原子弹里面铀 -235 的浓度有 90% 以上，而核电站大概只有 3%。同时核电站会通过"中子栅"来吸收裂变放出的一部分中子，防止"链式反应"发生得太快，也就是"可控的链式反应"。

核电站的反应虽然被我们所控制，但有时候可能会发生失误，导致失控。如果情况严重还可能会发生爆炸或者泄漏，这样的后果有点类似于威力不太大的原子弹爆炸。日本曾发生过核电站泄漏事件，很多人都在担心核辐射的危害。曾经热播的美剧《切尔诺贝利》，讲的也是核电站的爆炸事件，产生的危害可能会持续 800 年。但相对来说，原子核的另一种变化的安全系数可能会高很多——核聚变。

◎ 奶油可以裂变吗

质量大的原子可以"裂变"，而质量较小的原子则可以通过"聚变"放出巨大能量，它的质量也会减少。氢弹就是利用氢原子的"核聚变"，氢聚变成氦，释放的能量要比核裂变更大，不过聚变条件要求比较高，比如极高的温度，因此"核聚变"也被称为"热核反应"。但由于热核反应的条件不容易达到并且不好控制，目前还只能算是实验上的成功，国际热核聚变实验堆（ITER）正在建设中。当然，我们更希望的不是用核聚变制造出氢弹来作为战争武器，而是希望用它发电。

虽然目前还没有正式利用核聚变发电，但其实核聚变一直就在我们身边。地球上的万事万物几乎都归功于核聚变，因为"万物生长靠太阳"。太阳上面无时无刻不在发生着核聚变，由氢变成氦。而"氦"还能继续发生聚变，比如，太阳到了生命

再见啦地球，太阳即将发生氦闪，我们要去流浪啦！

的末期会发生"氦闪",它在聚变成碳后,会再聚变成氧。所以有人就想,既然有这种操作,那是不是只用水里的氢原子,就可以通过核聚变"创造出"各种元素呢?如果真能这样,那就可以让硅原子聚变成金原子,真正实现"点石成金"。

原子核里面的质子和中子并不是简简单单就能被合并或者分开的,分开原子核所需要的能量叫作"结合能",结合能和核子数之比叫作"平均结合能",也叫"比结合能"[1]。自然界中铁 -56 的"比结合能"最大,质子数比铁多的元素,裂变时会放出能量,而质子数比铁少的元素是聚变时放出能量。

想"造出"很多元素,需要极大的能量,并且需要超高的温度,在地球上可能难以实现这种条件,很多重金属元素都是在超新星爆发的时候通过"聚变"诞生的。即使是对于放出能量的核变化来说,虽然不需要吸收大量能量,但也需要达到一定条件才能被"激活"。虽然理论上来说,除了铁以外的原子都可以通过裂变和聚变为我们提供能量,但我们目前的技术只

---

[1] 比结合能也称平均结合能,平均结合能越大,原子核中核子结合得越牢固,原子核越稳定。——编者注

能让极少数原子核发生聚变和裂变。

所以我们并不能让奶油通过"聚变"或者"裂变"释放出原子能，只能吸收它的化学能。如果我们身体里真的特有一种类似于"酶"的东西，能够让食物发生裂变或者聚变的核反应，那可能我们随便吃口沙子就可以满足一辈子的能量需求了。所以宇宙可以"玩转原子核"，造出新元素，但人类还不行。

我们经常说"铁哥们儿""老铁"，是因为"铁"很坚硬。如果从原子核角度分析就更是这样了，铁-56的"比结合能"最高，是我们宇宙中最稳定的元素，虽然有比铁更重的元素，但"重"不等于"比结合能高"。所以有人说，宇宙中的元素"历经磨难"到最后都会变成铁，因为自然界中铁的"比结合能"最大，相当于"地势最低"，就像球往下滚一样，宇宙趋于往"低"的稳定方向发展。究竟会不会这样？除非我们变成"钢铁侠"，否则我们是看不到那一刻的。

◎ 原子衰变与考古发现

除了裂变和聚变之外，还有一种原子的核变化叫作"衰变"。我们经常看新闻说，在某地挖出个洞穴，距今有3万多年。怎么看出来距今多少年的呢？显然不是穿越回去看的，这里面的学问叫作原子的衰变。所谓衰变指的是一些不稳定的原子核自发放出粒子，变成另一种元素，不像核聚变或者裂变那样需要一定条件来"刺激"。比如非常不稳定的镭，自发释放出一个 α 粒子（两个质子两个中子的组合）之后会变成氡。

衰变是随机的，不可预知什么时候发生，但如果是在一个整体中，从概率统计的角度来看会有一定的整体规律：衰变掉一半原子的时间是固定的，叫作"半衰期"。一个半衰期衰变掉一半的含量，两个半衰期就全都衰变了？并不是。第二个半衰期是衰变掉剩下那部分的一半，也就是衰变之后只剩下原来的四分之一，而第三个半衰期会衰变那四分之一部分的一半……

用碳的同位素 C-14 测年代就是利用这个原理。C-14 是不稳定的碳原子，会发生衰变，而 C-12 是稳定的碳原子。自然界中 C-14 与 C-12 的含量拥有一个相对固定的比例，而生物体从自然界中摄取碳，自身体内的 C-14 也会衰变，两者的动态平衡能够保持生物体内 C-14 与 C-12 的比例是相对固定的。但当生物体死去之后就不会再有摄入，只会减少。假设按比例可以算出生物活体应该有 1 克的 C-14，结果发现只有 0.25

克，那么就说明该生物已经死去两个"半衰期"了，而 C-14
的一个半衰期是 5730 年，那么就可以知道这块化石距今大概
11460 年。

核变化看起来离我们的生活比较远，是因为我们现实世
界的"创造"通常基于元素的性质，而原子就是化学反应不可
再分的保持元素性质的最小粒子，这也正是化学的意义。如
果将来我们能像搭积木一样用质子、中子和电子直接构造出
我们需要的东西，那可就真是"玩转乐高，你就能造出整个宇
宙"了。

图书在版编目（CIP）数据

今天，你更博学了吗/张宇识著. -- 北京：北京
联合出版公司, 2020.5
ISBN 978-7-5596-4021-5

Ⅰ.①今… Ⅱ.①张… Ⅲ.①科学知识－普及读物
Ⅳ.① Z228

中国版本图书馆 CIP 数据核字 (2020) 第 034099 号

今天，你更博学了吗

作　　者	张宇识
责任编辑	杨　青　高霁月
项目策划	紫图图书 ZITO®
监　　制	黄　利　万　夏
特约编辑	路思维　吴　青　徐冰欣
营销支持	曹莉丽
装帧设计	紫图装帧
内文插画	达　露

北京联合出版公司出版
（北京市西城区德外大街 83 号楼 9 层　100088）
天津中印联印务有限公司印刷　新华书店经销
字数150千字　880毫米×1230毫米　1/32　8.75印张
2020年5月第1版　2020年5月第1次印刷
ISBN 978-7-5596-4021-5
定价：49.90元